Sekundarstufe

Petra Pichlhöfer & Carolin Thaller

Lapbooks Chemie

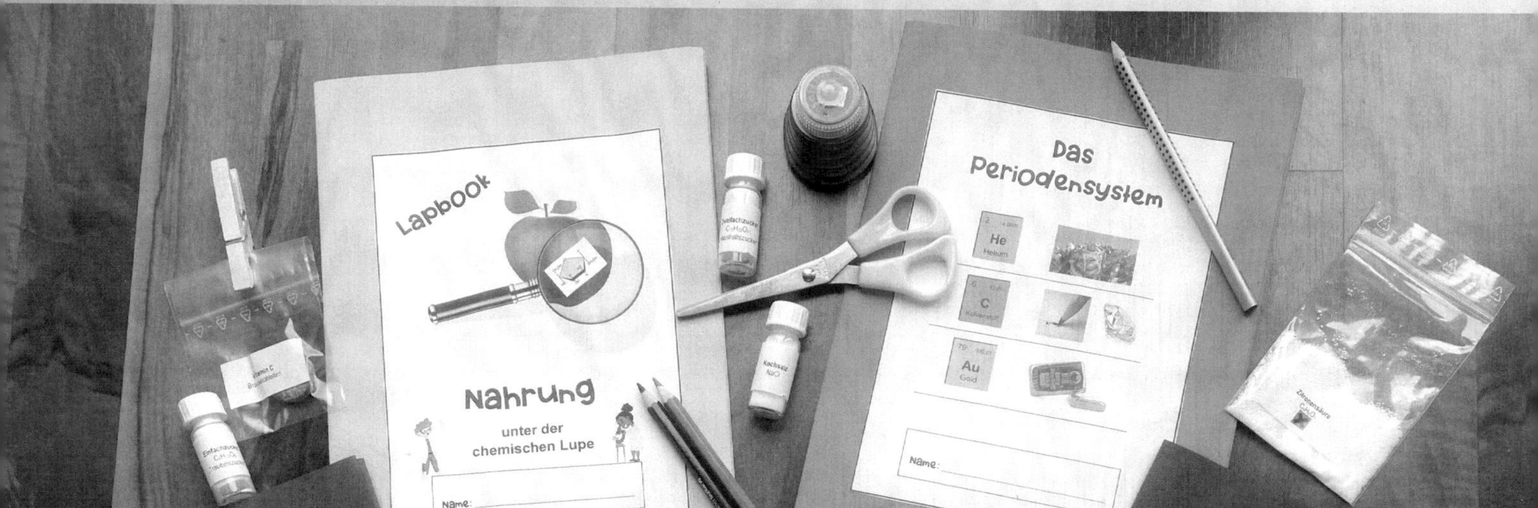

Die Themen Kunststoffe, PSE, Lebensmittel, Wasser, Säuren und Basen kreativ erarbeiten

Lapbooks im Chemieunterricht

4. Auflage 2025

Inhalt + Fotos: Petra Pichlhöfer & Caroline Thaller
Coverbilder: © Olga Moonlight - AdobeStock.com; © Kohl-Verlag
Redaktion: Kohl-Verlag
Grafik & Satz: Kohl-Verlag
Druck: Druckerei Flock, Köln

Bestell-Nr. 12 818

ISBN: 978-3-98558-229-7

Bildquellen © AdobeStock.com

S. 7-19: Azat Valeev; S. 8: artegorov3@gmail; S. 9: sudowoodo, Yeti Studio, toa555, kardd; S. 10: Comauthor; S. 12: Vadim Maslow; S. 15: Angela Staenicke, Klaus Eppele, Carl-Jürgen Bautsch, Blue Planet Studio; S. 17: peterschreiber.media; S. 19: natros, Sashkin, Reinhard, Fevziie; S. 20-34: ID-EasyDoor; S. 21: photka; S. 24: Thomas Pajot; S. 26: Anees; S. 28: Photobank, Gresei, Anterovium; S. 29: magraphics, ALFA3D, Lemonsono14, kmit, typomariac, chinnarach, Konstantin Yuganov, dispicture, Gehkah; S. 31: modustollens; S. 32: Pallavi, vectortatu; S. 34: Vasileva, molekull.be, Irina; S. 35-48: pict-rider; S. 36: petr roudny, Ekaterina; S. 37: photocrew, leventina, Natalka Dmitrova, azure, mbongo, ExQuisine; S. 38: Maria Schmitt; S. 40: kovaleva_ka, Brent Hofacker, Africa Studio; S. 41: olgadanilina, Diana Taliun, Elena Schweitzer, Koe Gough, Natalka Dmitrova, azure, mbongo, maxsol7; S. 42: Designincolor; S. 43: photocrew, leventina, belamy, Moving Moment, womue, nosyrevy, Angel Simon, ExQuisine; S. 44: contrastwerkstatt; S. 46: Shawn Hempel, Yeti Studio, Markus Mainka, bogdych, Photo SG; S. 48: ra2 studio; S. 50: Deyan Georgiev, Anatoly Malennikov, Daniel Nimmervoll; S. 56: Blue Planet Studio; S. 58: Andrey Armyagor; S. 60: petroudny; S. 62: alejomiranda; S. 63-74: T. Michel; S. 66: koray; S. 67: photocrew, kubais, Yeti Studio; S. 68: pedroudny, Dimitar Marinov; S. 69: Odna Images; S. 70: konstan, Alex Oakenman, sedric; S. 71: A_Bruno; S. 72: yusufdemirci; S. 73: Alexander Raths, kolonko, Junaoli, New Africa; S. 74: Ekaterina

Bildquellen © wikipedia.com

S. 13: Hofman_Wasserzersetzungsapparat_ver_Freeware-flo ergänzt +-; S. 30: Polymerstruktur-weitmaschig_vernetzt.svg_Roland.chem, Polymerstruktur-verzweigt.svg_Roland.chem, Polymerstruktur-engmaschig_vernetzt.svg_Roland.chem; S. 67: PHscala_Palmstroem

Kontakt: Kohl-Verlag, An der Brennerei 37-45, 50170 Kerpen
Tel: +49 2275 331610, Mail: info@kohlverlag.de

Unsere Lizenzmodelle

Der vorliegende Band ist eine Print-Einzellizenz

Sie wollen unsere Kopiervorlagen auch digital nutzen? Kein Problem – fast das gesamte KOHL-Sortiment ist auch sofort als PDF-Download erhältlich! Wir haben verschiedene Lizenzmodelle zur Auswahl:

	Print-Version	PDF-Einzellizenz	PDF-Schullizenz	Kombipaket Print & PDF-Einzellizenz	Kombipaket Print & PDF-Schullizenz
Unbefristete Nutzung der Materialien	x	x	x	x	x
Vervielfältigung, Weitergabe und Einsatz der Materialien im eigenen Unterricht	x	x	x	x	x
Nutzung der Materialien durch alle Lehrkräfte des Kollegiums an der lizensierten Schule			x		x
Einstellen des Materials im Intranet oder Schulserver der Institution			x		x

Die erweiterten Lizenzmodelle zu diesem Titel sind jederzeit im Online-Shop unter www.kohlverlag.de erhältlich.

Inhaltsverzeichnis

KOHL VERLAG Lapbooks im Chemieunterricht Kopiervorlagen für die Sekundarstufe – Bestell-Nr. 12 818

Vorwort

WAS SIND LAPBOOKS EIGENTLICH?

Lapbooks sind eine neue und kreative Präsentationsform für individuelle Lernergebnisse. Der Trend kommt aus Amerika.

Kinder beschäftigen sich mit einem Thema und durch Basteln, Schneiden, Kleben, Schreiben, Konstruieren und Verzieren entsteht ein kleines individuelles Minibüchlein.

Im Buch sind Vorlagen für verschiedene Themen zu Chemie aus dem Stoff der Sekundarstufe. Mit deren Hilfe können Schüler kreativ in Eigenarbeit Lapbooks erstellen. Ideal geeignet für Stationentage, offenes Lernen oder als Präsentation bei KEL Gesprächen.

Die Themen dieses Buches sind:

1. **WASSER**
2. **KUNSTSTOFFE**
3. **LEBENSMITTEL**
4. **PERIODENSYSTEM DER ELEMENTE**
5. **SÄUREN UND BASEN**

Die Vorlagen können sehr differenzierend eingesetzt werden. Die Schüler sollen – je nach Kreativität und Geschick – fertige Kopiervorlagen verwenden und diese ausschneiden und zusammenkleben oder selbst ausfüllen bis hin zum eigenständigen Entwerfen von Mappen, Taschen und sonstigen Elementen.

Die fertigen Werke können beurteilt werden, dazu gibt es im Buch einen Beurteilungsraster. Auch eine Vorlage für (Eltern-)Info und Materialliste findet sich.

Es empfiehlt sich, pro Schülergruppe ein „Heftchen“ zum jeweiligen Thema zu kopieren. Das gibt dem Schüler durch die beigefügten Fotos einen Eindruck, wie die Vorlagen verwendet werden können. Auch das Präsentieren fertiger Exemplare kann neue Anregungen bieten.

Die einzelnen Elemente können dann zusätzlich kopiert werden, evtl. auf buntes oder auch stärkeres Papier.

Gutes Gelingen und viel Spaß beim kreativen Auseinandersetzen mit chemischen Themen wünschen der Kohl-Verlag sowie die Autorinnen

Petra Pichlhöfer & Caroline Thaller

(Eltern-) Info / Materialliste

Langzeitarbeit Lapbook ______________________

In den nächsten Chemiestunden wirst du dein Lapbook gestalten. Wenn du in den Stunden nicht fertig wirst, dann stelle es als Hausaufgabe fertig.

Folgende Punkte müssen in deinem Lapbook behandelt werden:

- ______________________
- ______________________
- ______________________
- ______________________
- ______________________
- ______________________
- ______________________
- ______________________

Gewertet werden folgende Punkte:

- Fachwissen
- Deckblattgestaltung
- Selbstständigkeit
- Kreativität
- Zusatzthemen

Abgabetermin: ______________________

Materialliste:

Was brauchst du für die nächsten Chemiestunden?

- 1 Schere
- 1 Klebstoff
- Klebeband
- 1 Papiermappe oder alternativ 1 buntes A3 Papier
- Verschiedene Stifte, z. B. Bunt-, Faser-, Wachsmalstifte (+ weißer Stift)
- Büroklammern
- Hefter plus Klammern
- 1 Klarsichthülle (um angefangene Papierteile sicher aufzuheben)
- Papierschnipsel, Sticker, Stanzteile, Bilder ...
  zum Thema passend zum Verzieren

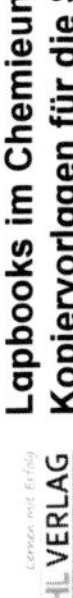

Beurteilungsraster

Beurteilung	
Schüler / Schülerin	
Lehrer / Lehrerin	
Ziel	Sachorientiertes Forschen und Reflektieren
LAPBOOK "________________________________"	

	3 P.	2 P.	1 P.	0 P.
1. Design				
Dein Lapbook verlockt sofort zum Lesen.				
Du hast dein Lapbook kreativ gestaltet (Deckblatt, Bilder).				
Du hast ordentlich und leserlich geschrieben.				
Du hast sauber ausgeschnitten und geklebt.				
Du hast dein Lapbook übersichtlich und logisch gestaltet.				
2. Inhalt				
Deine Sachinformationen zu den Pflichtthemen sind vollständig und richtig.				
Du kennst viele Einzelheiten (Fachwissen) und zeigst diese detailliert.				
Du verwendest Fachbegriffe im Kontext richtig.				
3. Arbeitsprozess				
Du hast gründlich recherchiert und du hast aus unterschiedlichen Quellen (Sachbücher, Internet, Chemiebuch) viele Informationen gefunden.				
Du hast die Anweisungen beachtet.				
Du hast die Zeit sinnvoll genutzt und bist termingerecht fertig geworden.				
Du hast dein Lapbook selbstsicher und verständlich präsentiert (Körpersprache, Inhalt und Sprache).				

Gesamtpunkte: ________ / 36 Pkt.

Beurteilung: ____________________ **Unterchrift: ____________________**

KOHL VERLAG *Lapbooks* im Chemieunterricht Kopiervorlagen für die Sekundarstufe – Bestell-Nr. 12 818

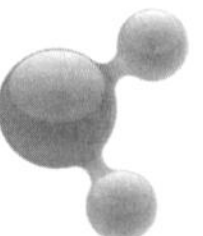

Lapbooks Chemie • Wasser

Für das Lapbook **Wasser** finden sich folgende Kopiervorlagen:

1. Deckblatt
2. Blume – Eigenschaften von Wassser
3. Kreis – Wassermoleküle
4. Mappe – Zerlegung von Wasser
5. Mappe – Hartes Wasser
6. Tasche – Wasser als Lösungsmittel
7. Mappe – Wichtige Begriffe

Verwende als Quelle das Internet, dein Chemiebuch, das Lexikon oder die Schulbibliothek.

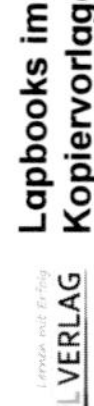

Lapbooks im Chemieunterricht
Kopiervorlagen für die Sekundarstufe – Bestell-Nr. 12 818

1. Deckblatt

Mein Lapbook über

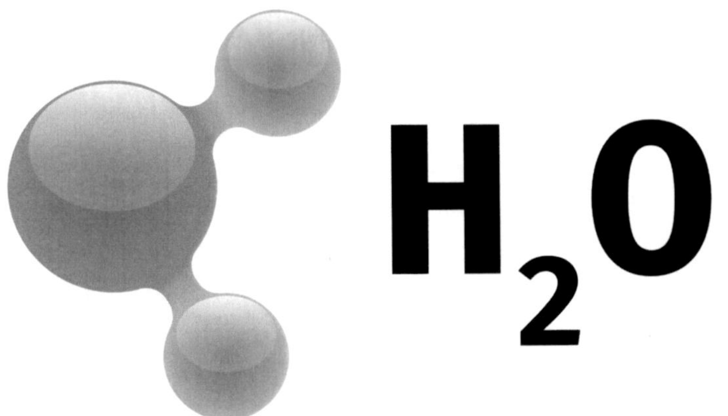

Name: ____________________

KOHL VERLAG *Lapbooks* im Chemieunterricht Kopiervorlagen für die Sekundarstufe – Bestell-Nr. 12 818

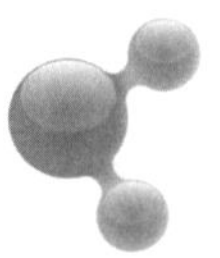

2. Blume – Eigenschaften von Wasser

Aufgabe 1:

Ergänze den Text rechts. Schneide die Blume aus und falte sie an den gestrichelten Linien nach hinten. Klebe die 3 Wörter jeweils auf die Rückseite hinter das richtige Bild und den Text in die Mitte (Lösung ganz unten).

Wasser ist

– ______________________,

– ______________________,

– ______________________,

✂ flüssig

✂ fest

✂ gasförmig

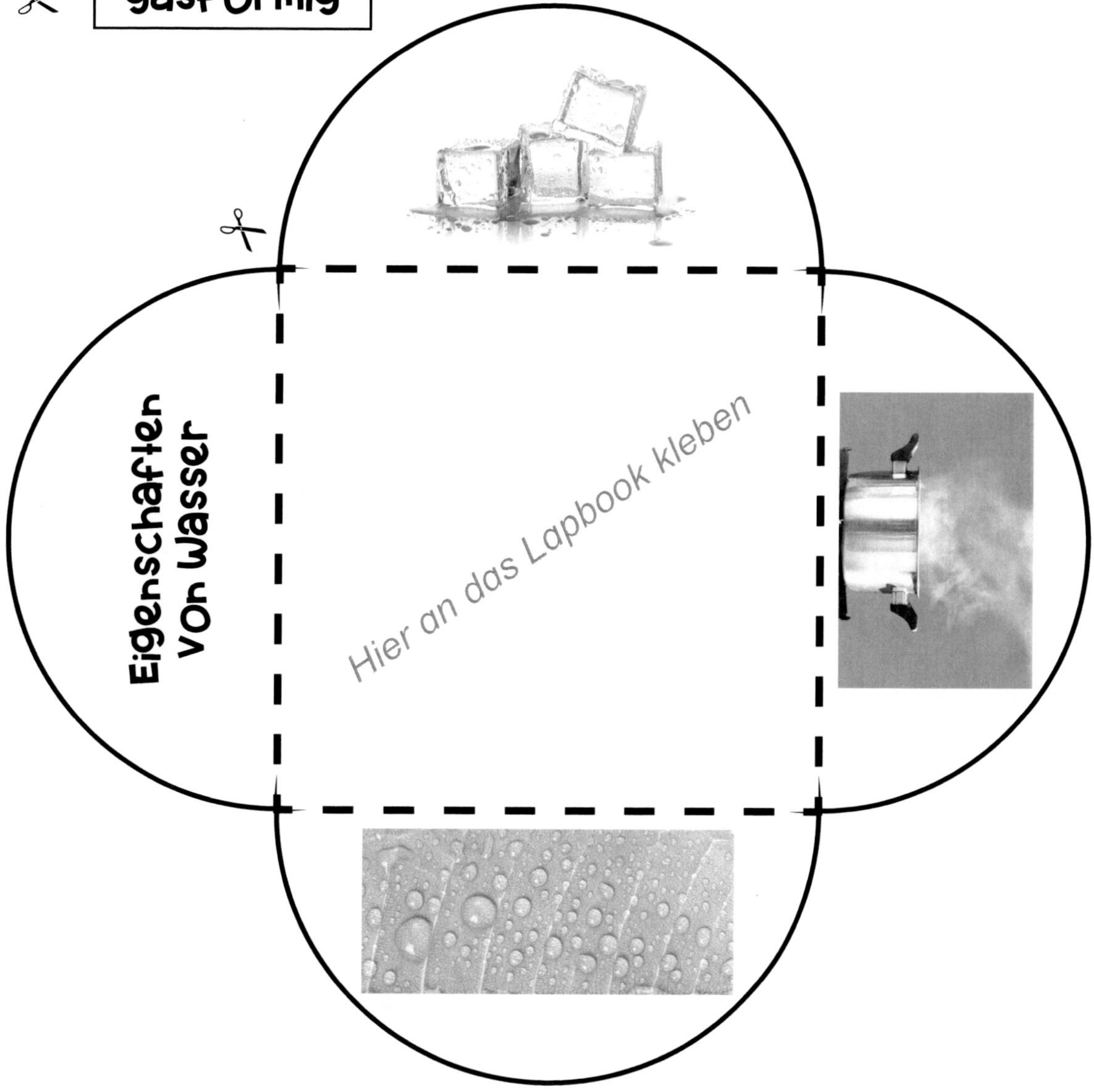

Eigenschaften von Wasser

Hier an das Lapbook kleben

Lösung: – Wasser ist farblos, geruchlos, geschmacklos – Eis: fest; Tropfen: flüssig; Dampf: gasförmig

KOHL VERLAG
Lapbooks im Chemieunterricht
Kopiervorlagen für die Sekundarstufe – Bestell-Nr. 12 818

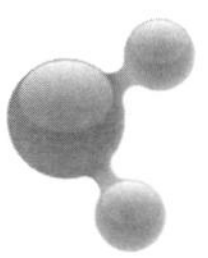

3. Kreis – Wassermolekül

Aufgabe 2: *Schneide die Kreise (nächste Seite) aus, falte sie an der gestrichelten Linie nach hinten und klebe sie mit der linken Klebelasche so nebeneinander an das Lapbook, dass die 3 Atome zusammen ein Wassermolekül ergeben. Ergänze die Infotexte (Lösung nächste Seite) und klebe sie jeweils auf die Rückseite links auf die Klebelasche.*

✂

Wasserstoff ...

Symbol: ______

Ordnungszahl: _______

... ist ein farb-, geruch- und geschmackloses Gas;

... ist ____________ als Luft;

... kaum _______________;

... ist ________ brennbar.

✂

Wasserstoff ...

... kann man mit der

_______ gasprobe nachweisen;

... wurde früher als

_____________ verwendet

(Nachteil: Explosionsgefahr);

... ist das häufigste Element im

_________________ .

✂

Sauerstoff ...

Symbol: _____ ; Ordnungszahl: _____

... ist ein farb-, geruch- und geschmackloses Gas;

... ist ein ____________ vorkommendes Element;

... ist ______________ als Luft (größere Dichte);

... kommt als Molekül O_2 und in Verbindungen vor;

... ist notwendig zum ________ ,

also für das Leben von Menschen und Tieren;

... ist für die ________________ notwendig.

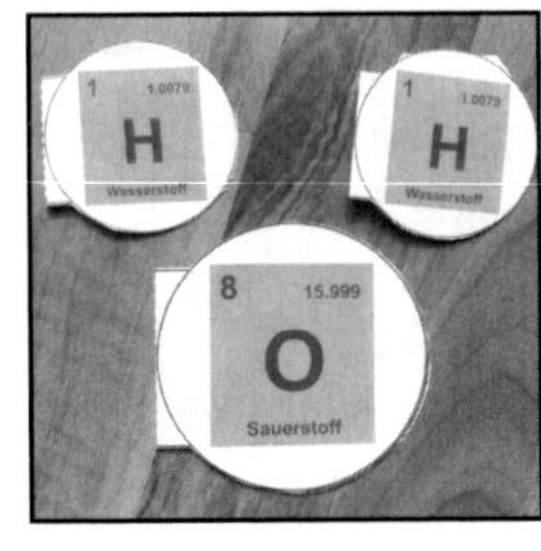

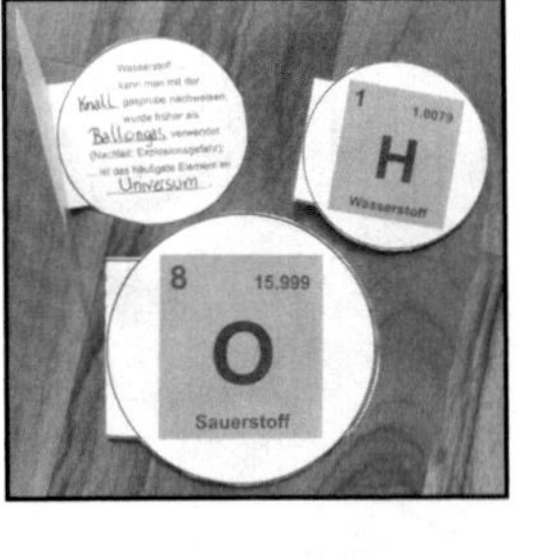

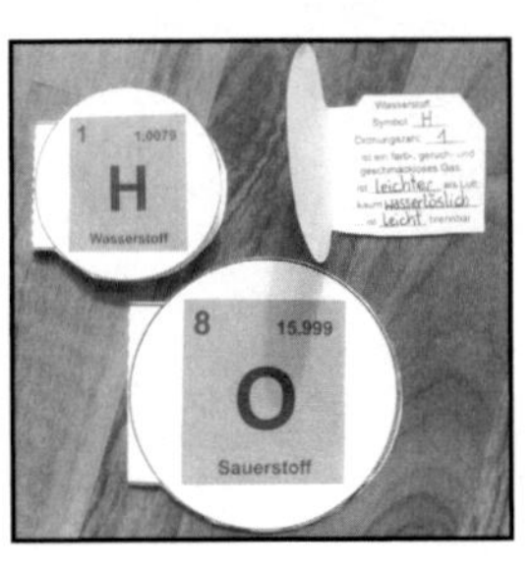

KOHL VERLAG
Lapbooks im Chemieunterricht
Kopiervorlagen für die Sekundarstufe – Bestell-Nr. 12 818

3. Kreis – Wassermolekül

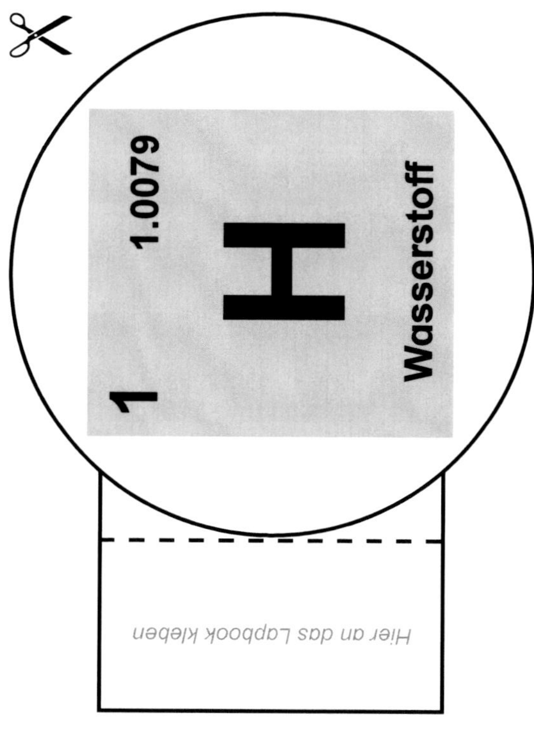

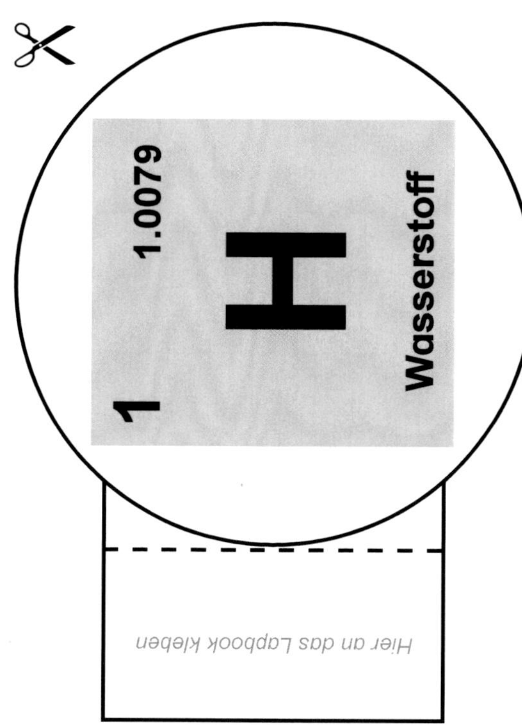

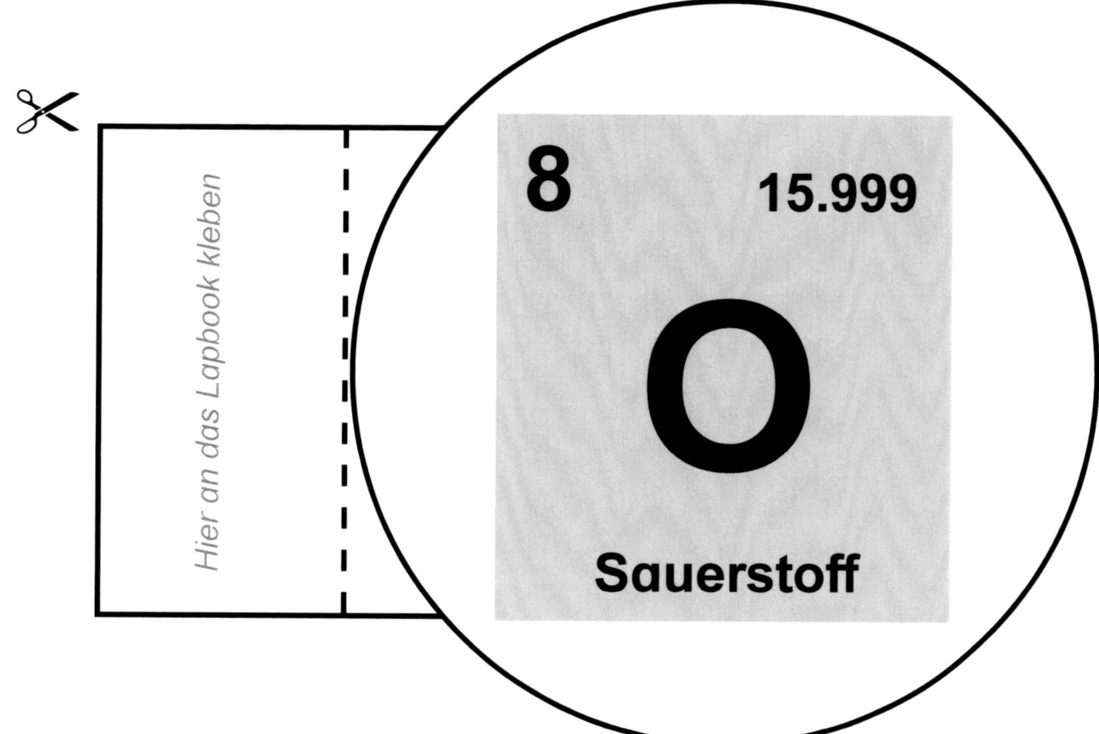

Lösung: – Wasserstoff: H, 1, leichter, wasserlöslich, leicht;
– Wasserstoff: Knallgasprobe, Ballongas, Universum;
– Sauerstoff: O, 8, natürlich, schwerer, Atmen, Verbrennung

KOHL VERLAG
Lapbooks im Chemieunterricht
Kopiervorlagen für die Sekundarstufe – Bestell-Nr. 12 818

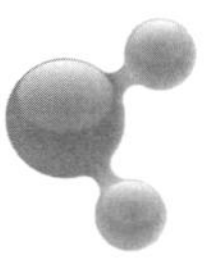

4. Mappe – Zerlegung von Wasser

Aufgabe 3:

Schneide die Mappe auf der nächsten Seite aus (mit 3 einzelnen Klappen!) und falte sie an der gestrichelten Linie nach hinten. Klebe den langen Balken ganz unten auf die Mappe. Ergänze die 3 Infotexte (1. Reihe, Lösung nächste Seite ganz unten) und klebe sie jeweils passend oberhalb des Balkens ein. Klebe die 3 anderen Rechtecke (2. Reihe, Bilder) auf die Laschenrückseiten.

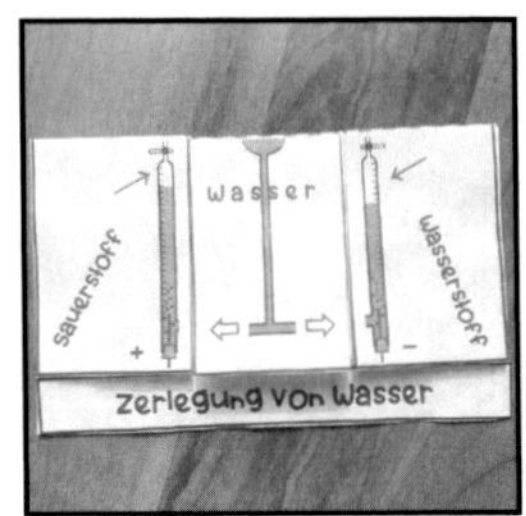

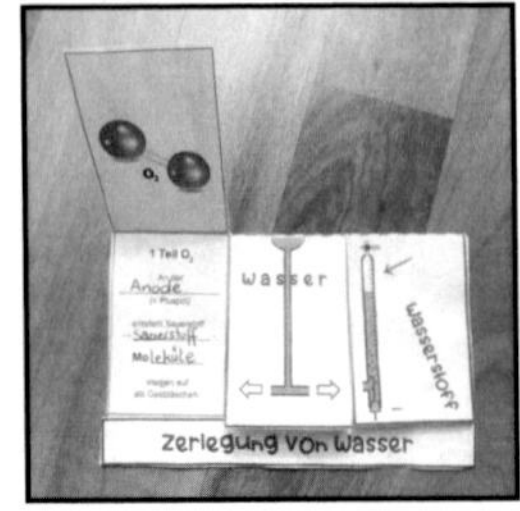

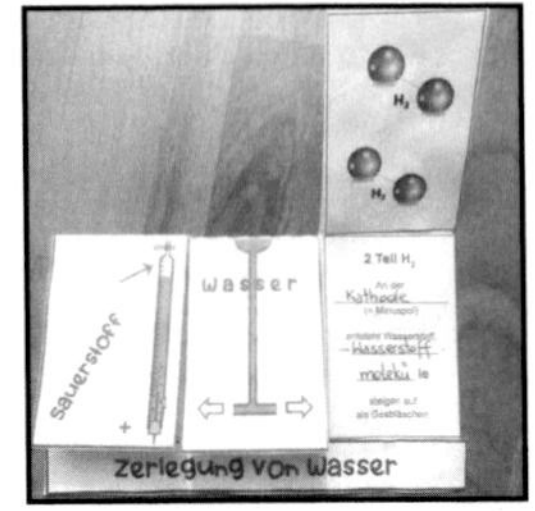

1 Teil O_2	**2 Teile H_2**	**2 Teile H_2O**
An der ______________ (= Pluspol) entsteht Sauerstoff. → ______________ - **Mo** __________ steigen auf als Gasbläschen.	An der ______________ (= Minuspol) entsteht Wasserstoff. → ______________ - __________ **le** steigen auf als Gasbläschen.	= ______________ Aus 2 Wassermolekülen entstehen immer 2 Wasserstoffmoleküle und nur 1 Sauerstoffmolekül. Es entsteht ________ so viel Wasserstoff wie Sauerstoff: **H : O = ___ : ___**

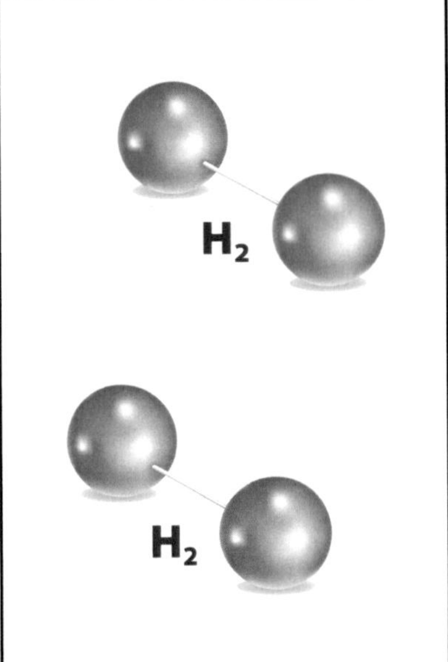

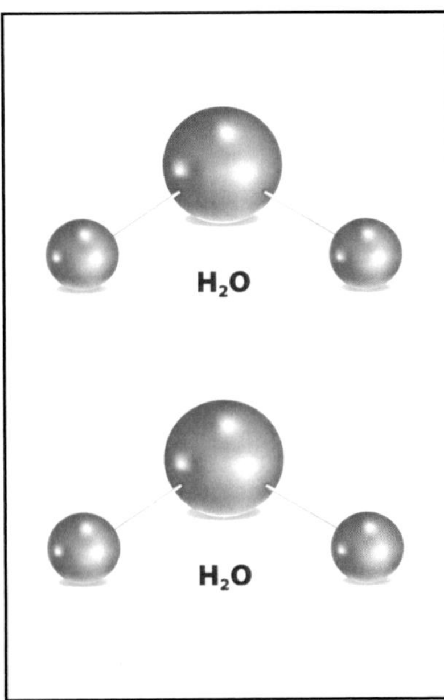

KOHL VERLAG
Lapbooks im Chemieunterricht
Kopiervorlagen für die Sekundarstufe – Bestell-Nr. 12 818

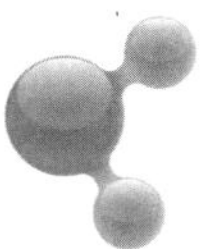

4. Mappe – Zerlegung von Wasser

Zerlegung von Wasser

Hier an das Lapbook kleben

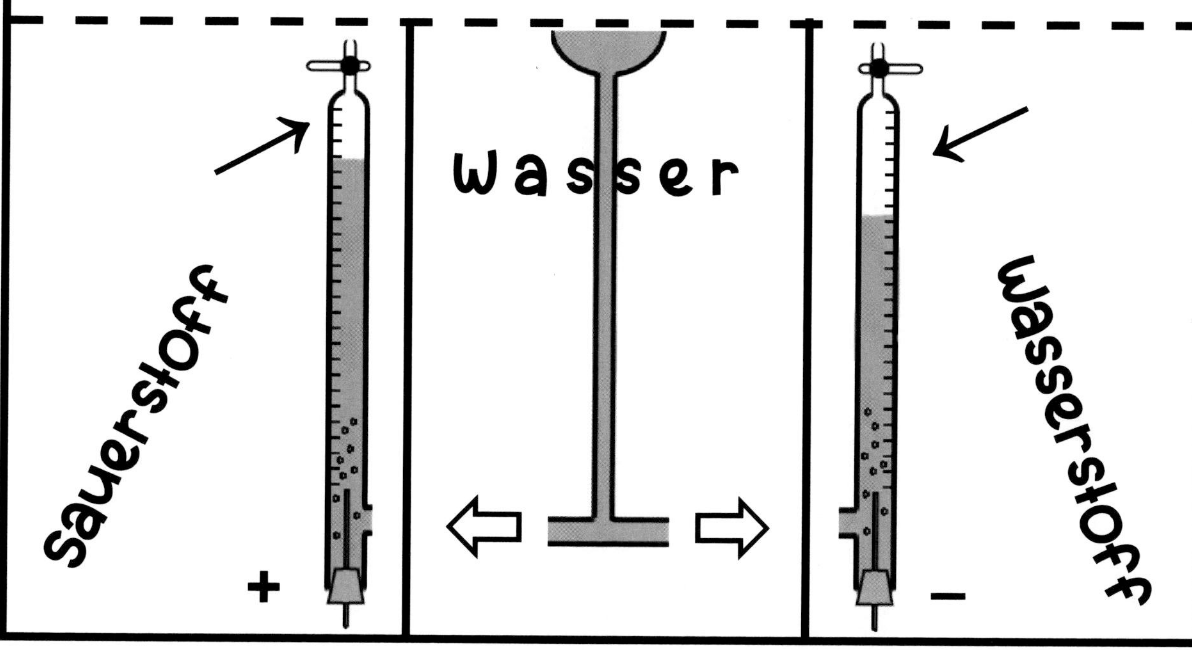

Lösung: – An der Anode (= Pluspol) entsteht Sauerstoff. Sauerstoff-Moleküle steigen auf als Gasbläschen.
– An der Kathode (= Minuspol) entsteht Wasserstoff. Wasserstoff-Moleküle steigen auf als Gasbläschen.
– Wasser ... Es entsteht doppelt so viel Wasserstoff wie Sauerstoff: H : O = 2 : 1

Lapbooks im Chemieunterricht
Kopiervorlagen für die Sekundarstufe – Bestell-Nr. 12 818
KOHL VERLAG

5. Mappe – Hartes Wasser

Aufgabe 4:

Schneide die 4 Rechtecke auf der nächsten Seite aus und knicke sie jeweils an der gestrichelten Linie nur ein wenig nach vorn. Lege sie nach der Größe (klein oben) aufeinander und hefte (oder klebe) sie oben bündig am schmalen Balken zusammen.

Schneide die 4 Texte aus und klebe sie jeweils auf die richtigen freien Stellen in der Mappe.

Wie entsteht hartes Wasser?

Die **Wasserhärte** wird in Millimol Calcium-hydrogencarbonat pro Liter [mmol / l] angegeben.

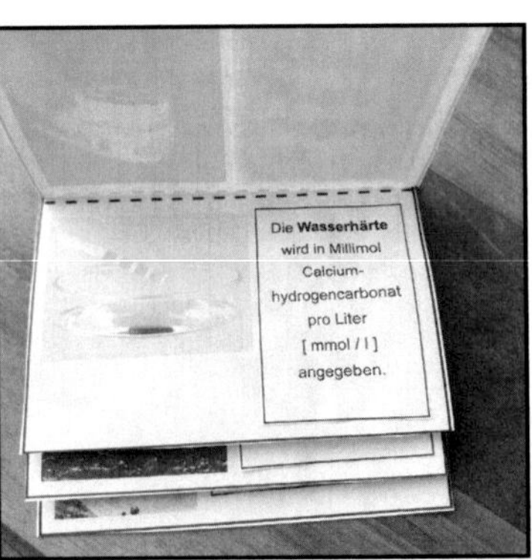

Regenwasser [= H_2O] nimmt aus der Luft das Gas Kohlenstoffdioxid [= CO_2] auf. Es entsteht **Kohlensäure** [= H_2CO_3].

$$H_2O + CO_2 \rightarrow H_2CO_3$$

Im Boden verbindet sich die Kohlensäure [= H_2CO_3] mit Kalkstein [= Calciumcarbonat = $CaCO_3$]. Es entsteht Calciumhydrogencarbonat [= $Ca(HCO_3)_2$]. Wasser, das davon viel enthält, heißt **hartes Wasser.**

$$H_2CO_3 + CaCO_3 \rightarrow Ca(HCO_3)_2$$

Lapbooks im Chemieunterricht Kopiervorlagen für die Sekundarstufe – Bestell-Nr. 12 818
KOHL VERLAG

5. Mappe – Hartes Wasser

Hier zusammenheften/kleben

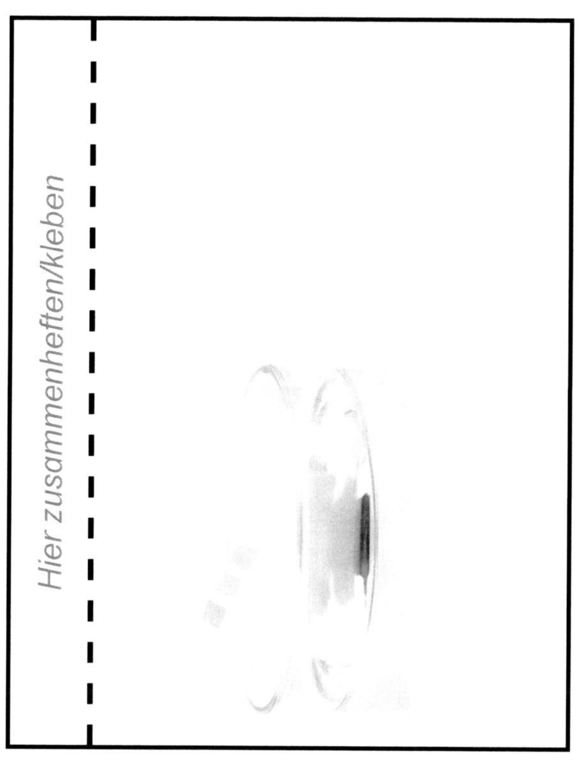

Hier zusammenheften/kleben

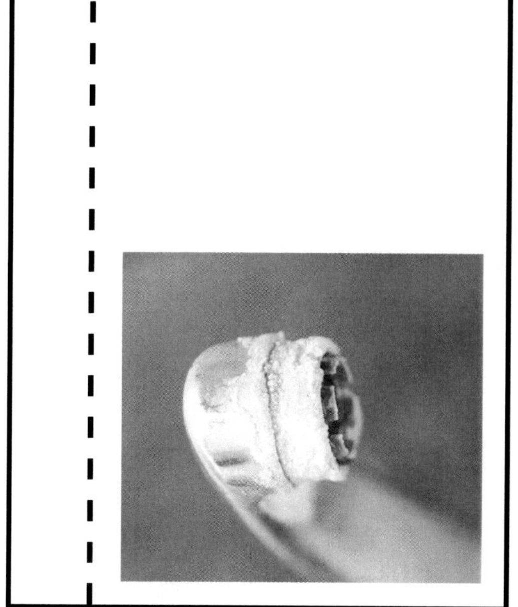

Hier zusammenheften/kleben

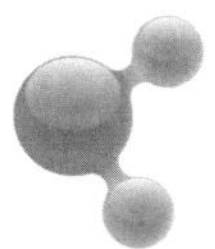

6. Tasche – Wasser als Lösungsmittel

Aufgabe 5: **a)** *Schneide die 6 Rechtecke aus und klebe jeweils 2 passende mit den Rückseiten zusammen. Führe die Versuche aus und vervollständige die Rechtecke. Du erhältst 3 Kärtchen zum Einstecken in die Tasche auf der nächsten Seite. Dort stehen auch die Lösungen.*

Versuch 1:

Materialien:
Wasser, Reagenzglas, Spatel, Mikrobrenner, Schutzbrille

Stoff: Zuckerwürfel

Durchführung:
Versuche den Zuckerwürfel in Wasser aufzulösen. Wie kannst du den Zuckerwürfel am schnellsten auflösen?

Versuch 2:

Materialien:
Wasser, 5 Reagenzgläser, Spatel, Mikrobrenner, Schutzbrille

Stoffe: Sand, Öl, Sirup, Lebensmittelfarbe, Salz

Durchführung: Versuche jeden einzelnen Stoff in Wasser aufzulösen. Welche Stoffe sind gut lösbar?

Wusstest du, dass …

… Wasser ein ___________-Molekül ist?

… Wasser deshalb ein gutes ___________________ ist?

… beim Lösen Wassermoleküle die Stoffteilchen so lange umzingeln, bis sie zerfallen sind? (z. B. bei Salz)

… Lösungsvorgänge durch ___________, Umrühren, Zerkleinern und ____________ beschleunigt werden können?

Ergebnis:

____

____

____

____

Ergebnis:

Löst sich in Wasser:

____

____

Löst sich nicht in Wasser:

____

____

Schwimmt auf Wasser:

____

____

H_2O

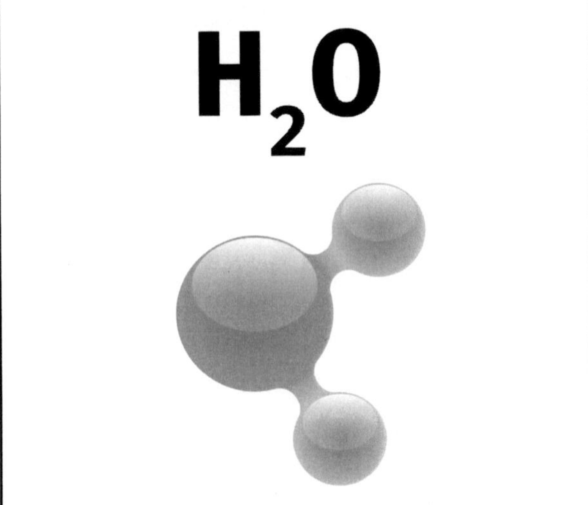

KOHL VERLAG Lapbooks im Chemieunterricht Kopiervorlagen für die Sekundarstufe – Bestell-Nr. 12 818

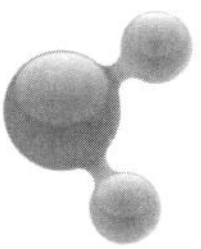

6. Tasche – Wasser als Lösungsmittel

Aufgabe 5: **b)** *Schneide die Tasche aus, falte sie an den gestrichelten Linien nach hinten und klebe sie mit den seitlichen Klebelaschen zusammen.*

Klebelasche

Hier an das Lapbook kleben

Klebelasche

Lösung: – Versuch 1: Zucker löst sich um so besser, je höher die Temperatur ist.
– Versuch 2: Löst sich: Salz, Lebensmittelfarbe / Löst sich nicht: Sand, Sirup / Schwimmt: Öl
– Dipol-Molekül, Lösungsmittel, Schütteln, Erhitzen

Lapbooks im Chemieunterricht
Kopiervorlagen für die Sekundarstufe – Bestell-Nr. 12 818
KOHL VERLAG

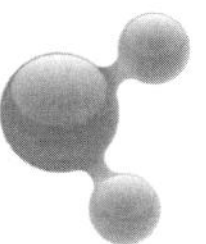

7. Mappe – Wichtige Begriffe

Aufgabe 6: *Schneide die Mappe auf der nächsten Seite aus (mit 4 einzelnen Klappen!) und falte sie an der gestrichelten Linie nach hinten. Klebe den langen Balken ganz rechts auf die Mappe. Ergänze die 4 Infotexte (Lösung ganz unten) und klebe sie jeweils passend links neben den Balken.*

✂

Zwei __________ Ladungen (**Plus und Minus**) wirken am Wassermolekül nach außen. Am O-Atom ist ein elektrisch __________ Pol. An den beiden H-Atomen ist jeweils ein __________ Pol. Weil die Wassermoleküle wie ein breites V geformt sind und sich verschiedene Ladungen anziehen, gibt es zwischen den Molekülen Brücken.	Es besteht aus mindestens __________ oder __________ miteinander verbundenen __________ .	W I C H T I G E B E G R I F F E
Darunter versteht man die __________ des Wassers mit Hilfe von __________ in die Elemente Wasserstoff (H) und Sauerstoff (O).	Das ist Wasser, welches viel **Calciumhydrogencarbonat** enthält. Die Formel davon lautet: __________	

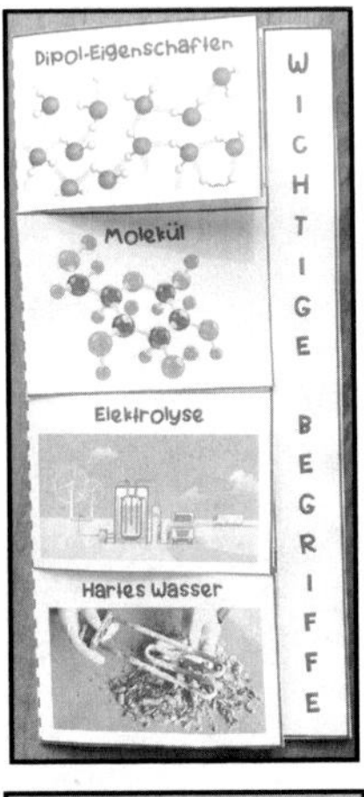

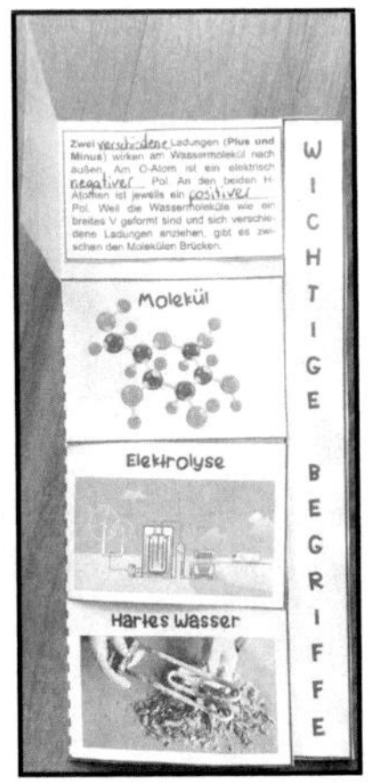

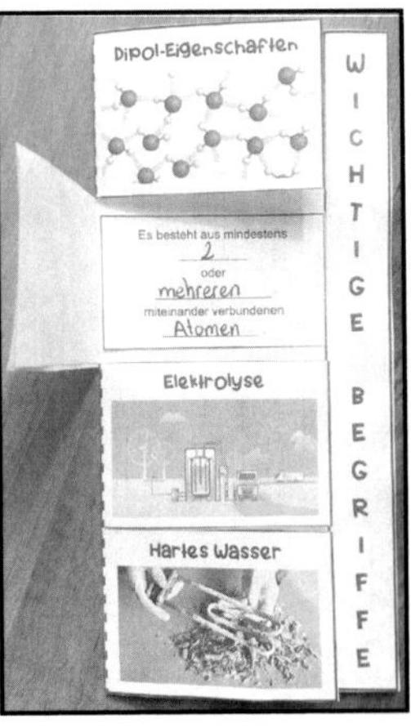

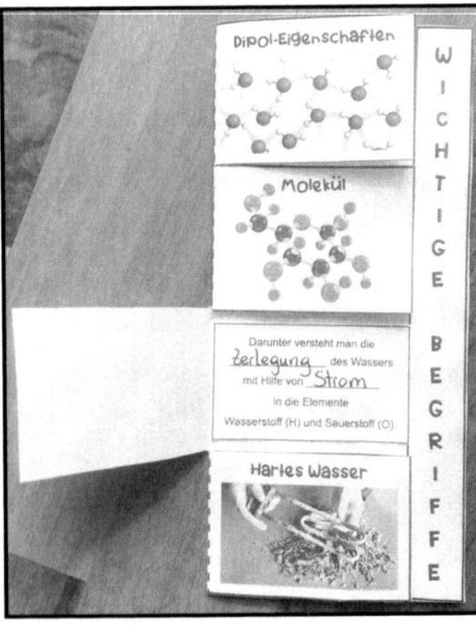

Lösung:
– verschiedene, negativer, positiver;
– zwei, mehreren, Atomen;
– Zerlegung, Strom;
– Ca(HCO3)2

KOHL VERLAG *Lapbooks* im Chemieunterricht Kopiervorlagen für die Sekundarstufe – Bestell-Nr. 12 818

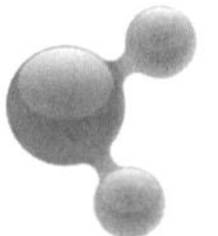

7. Mappe – Wichtige Begriffe

Hier an das Lapbook kleben

Dipol-Eigenschaften

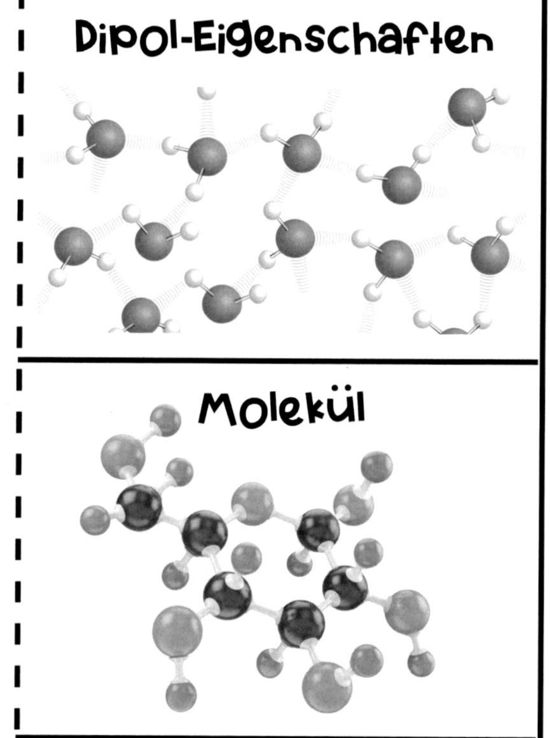

Molekül

Elektrolyse

Hartes Wasser

Lapbooks im Chemieunterricht
Kopiervorlagen für die Sekundarstufe – Bestell-Nr. 12 818
KOHL VERLAG

Für das Lapbook **Kunststoffe** finden sich folgende Kopiervorlagen:

1.) Deckblatt
2.) Flaschenträger – Überblick Kunststoffe
3.) Kuvert – Welt der Kunststoffe
4.) Mappe – Vorteile und Nachteile
5.) Mappe – Arten der Kunststoffherstellung
6.) Mappe – Einteilung der Kunststoffe
7.) Tasche – Kunststoffe erkennen
8.) Mappe – Wichtige Begriffe

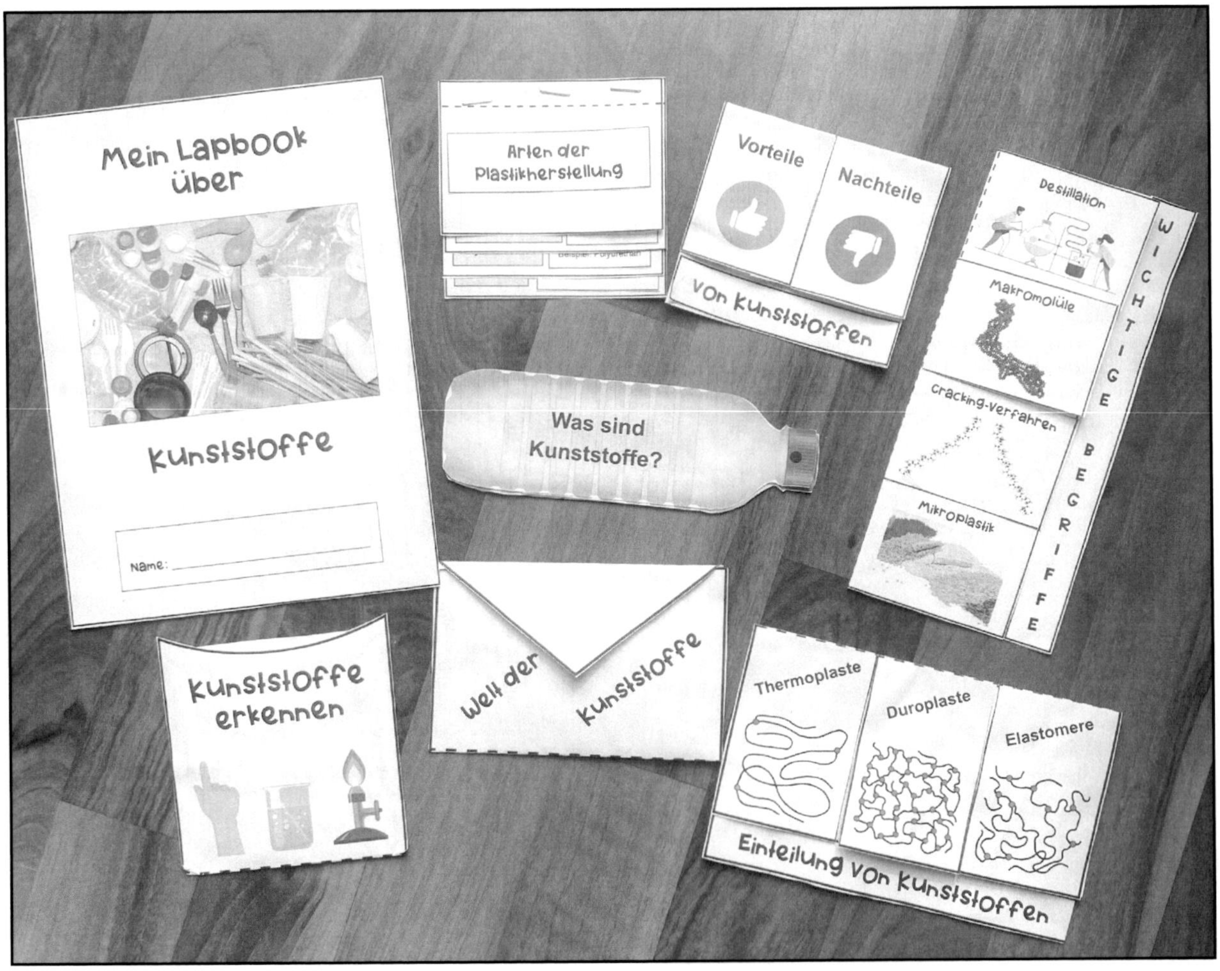

Verwende als Quelle das Internet, dein Chemiebuch, das Lexikon oder die Schulbibliothek.

KOHL VERLAG
Lapbooks im Chemieunterricht
Kopiervorlagen für die Sekundarstufe – Bestell-Nr. 12 818

1. Deckblatt

Mein Lapbook über

Kunststoffe

Name: ______________________________

KOHL VERLAG Lapbooks im Chemieunterricht
Kopiervorlagen für die Sekundarstufe – Bestell-Nr. 12 818

2. Flaschenträger – Überblick Kunststoffe

Aufgabe 1: *Schneide die Flaschen aus, loche die Kreismarkierungen und verbinde so den Flaschenträger mit einer Splinte (erste Flasche nach oben).*

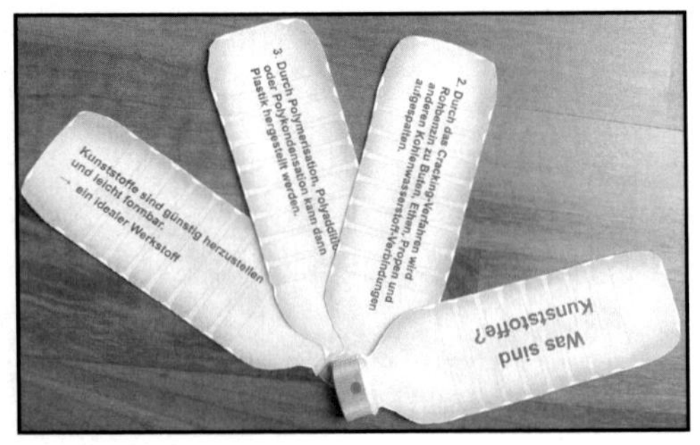

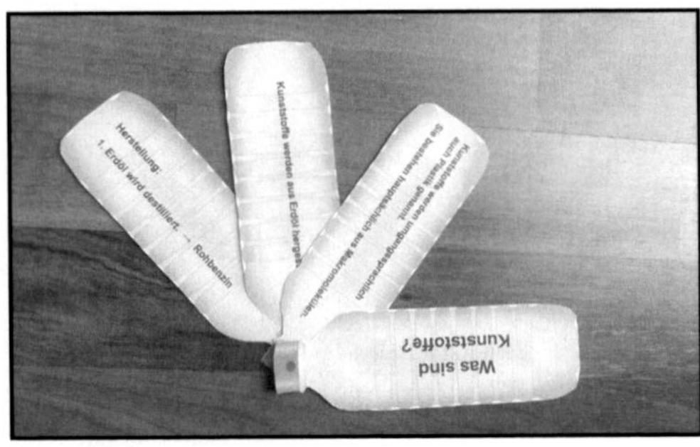

Was sind Kunststoffe?

Kunststoffe werden umgangssprachlich auch Plastik genannt.

Sie bestehen hauptsächlich aus Makromolekülen.

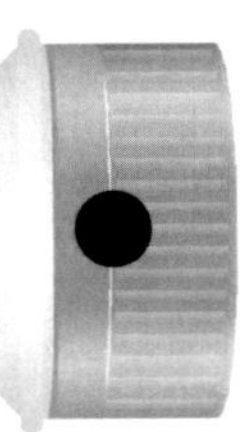

Kunststoffe werden aus Erdöl hergestellt.

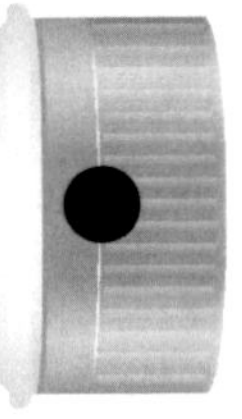

KOHL VERLAG
Lapbooks im Chemieunterricht
Kopiervorlagen für die Sekundarstufe – Bestell-Nr. 12 818

2. Flaschenträger – Überblick Kunststoffe

Herstellung:

1. Erdöl wird destilliert. → Rohbenzin

2. Durch das Cracking-Verfahren wird Rohbenzin zu Buten, Ethen, Propen und anderen Kohlenwasserstoff-Verbindungen aufgespalten.

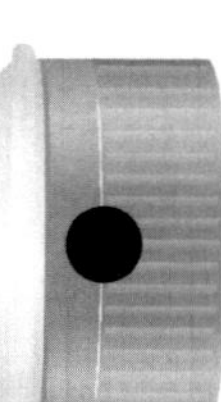

3. Durch Polymerisation, Polyaddition oder Polykondensation kann dann Plastik hergestellt werden.

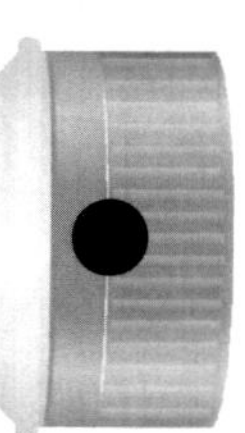

Kunststoffe sind günstig herzustellen und leicht formbar.

→ ein idealer Werkstoff

3. Kuvert – Welt der Kunststoffe

Aufgabe 2: a) *Schneide die Rechtecke aus und klebe jeweils 2 zueinander passende mit den Rückseiten zusammen. Du erhältst 10 Kärtchen zum Einstecken in das Kuvert auf der nächsten Seite.*

✂

PE	**PMMA**	**PP**
PUR	**PS**	**MF**
PA	**PF**	**PVC**
Vulkanisierter Kautschuk	**Polyethylen z. B.: Plastikbeutel**	**Polypropylen z. B.: Joghurtbecher**
Polystyrol z. B.: Kugelschreiber	**Polyamid z. B.: Brillengestelle**	**Polyvinylchlorid z. B.: Schläuche**
Polymethyl-methacrylat z. B.: Plexiglas	**Polyurethan z. B.: Fugendichtung**	**Melamin z. B.: Kochlöffel**
Phenoplast z. B.: Kaffeemaschine	**Gummi z. B.: Autoreifen**	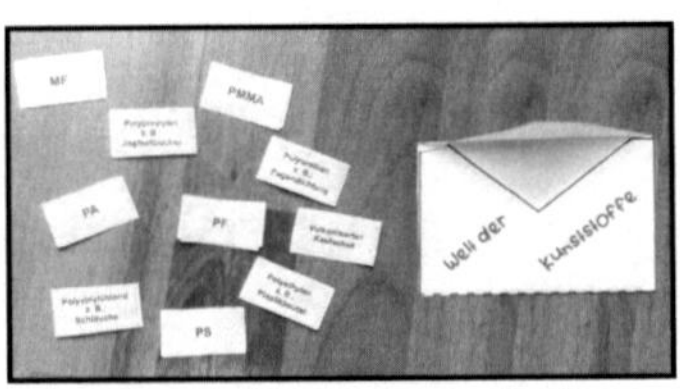

Lapbooks im Chemieunterricht
Kopiervorlagen für die Sekundarstufe – Bestell-Nr. 12 818
KOHL VERLAG

3. Kuvert – Welt der Kunststoffe

Aufgabe 2: **b)** *Schneide das Kuvert aus, falte es an den gestrichelten Linien nach hinten und klebe es mit den seitlichen Klebelaschen zusammen.*

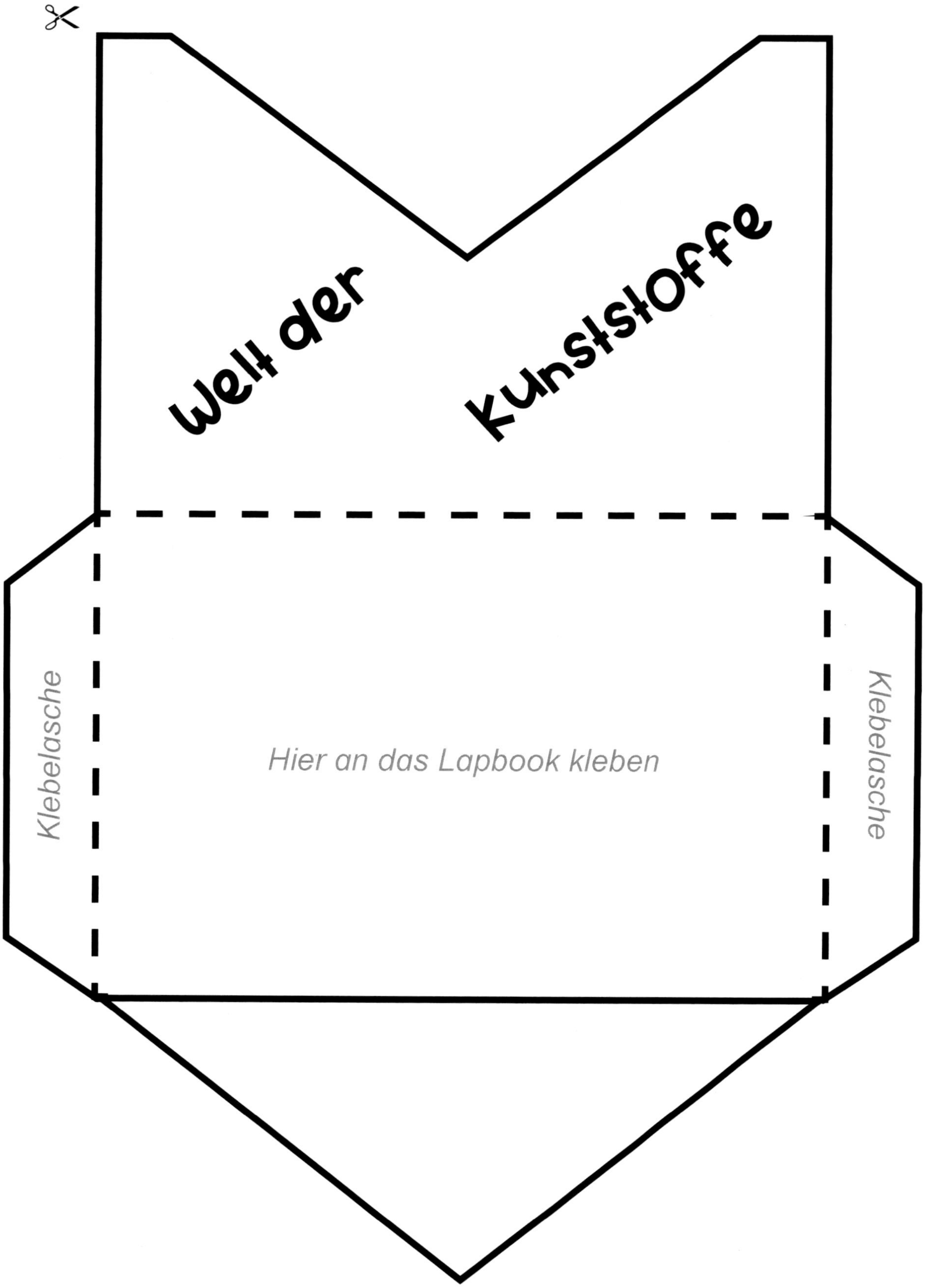

Welt der Kunststoffe

Klebelasche

Hier an das Lapbook kleben

Klebelasche

KOHL VERLAG Lapbooks im Chemieunterricht Kopiervorlagen für die Sekundarstufe – Bestell-Nr. 12 818

4. Mappe – Vorteile und Nachteile

Aufgabe 3: **b)** *Schneide die Mappe unten aus (mit 2einzelnen Klappen!) und falte sie an der gestrichelten Linie nach hinten. Klebe den langen Balken ganz unten auf die Mappe. Klebe die 10 Stichwörter neben den Balken hinter die richtige Lasche.*

gute Isolatoren

geringe Wärmeleitfähigkeit

korrodieren nicht (= werden nicht zerfressen)

nicht hitzebeständig

nicht kratzfest, weich

geringe Dichte (= leicht)

nicht biologisch abbaubar

glatte Oberfläche

lösen sich in organischen Lösungsmitteln z. T. auf

laden sich elektrostatisch auf

Hier an das Lapbook kleben

Nachteile

Vorteile

Von Kunststoffen

Lapbooks im Chemieunterricht
Kopiervorlagen für die Sekundarstufe – Bestell-Nr. 12 818
KOHL VERLAG

5. Mappe – Arten der Kunststoffherstellung

Aufgabe 4: *Schneide die 4 Rechtecke auf der nächsten Seite aus und knicke sie jeweils an der gestrichelten Linie nur ein wenig nach vorn. Lege sie nach der Größe (klein oben) aufeinander und hefte (oder klebe) sie oben bündig am schmalen Balken zusammen.*
Schneide die 4 Texte aus und klebe sie jeweils auf die richtigen freien Stellen in der Mappe.

Bei dieser chemischen Reaktion reagieren ungesättigte Verbindungen unter Einfluss von Katalysatoren zu Polymeren.

Bei dieser chemischen Reaktion werden unterschiedliche Ausgangsstoffe unter Wanderung von Wasserstoffatomen zusammengefügt, ohne ein Nebenprodukt zu bilden.

Beispiel: Polyurethan

Arten der Kunststoffherstellung

Bei dieser chemischen Reaktion werden unterschiedliche Ausgangsstoffe zu einem Molekül zusammengefügt. Dabei entsteht z. B. Wasser als Nebenprodukt.

Beispiel: Thermoplaste oder Duroplaste.

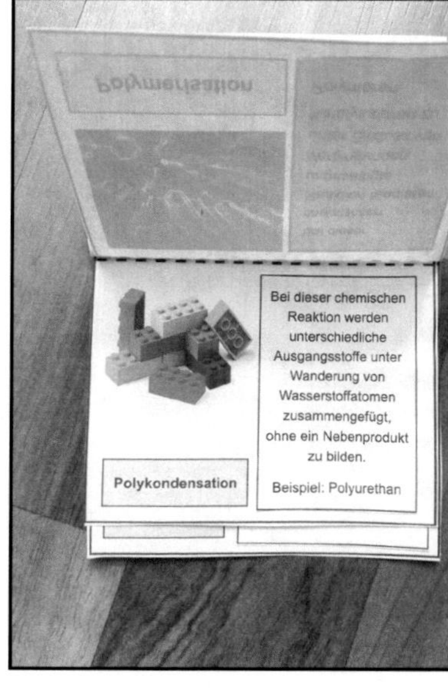

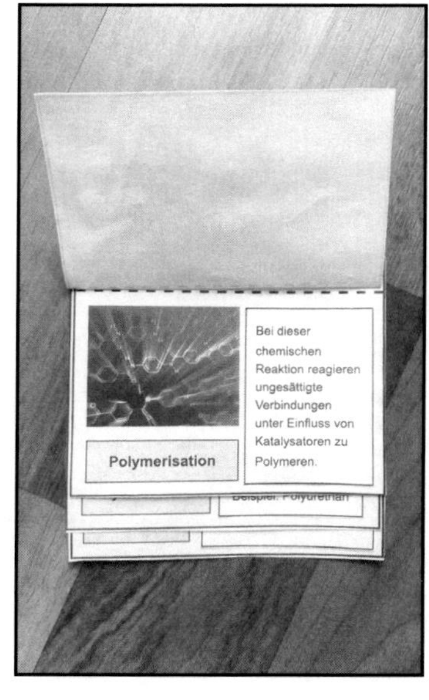

Lapbooks im Chemieunterricht
Kopiervorlagen für die Sekundarstufe – Bestell-Nr. 12 818
KOHL VERLAG

5. Mappe – Arten der Kunststoffherstellung

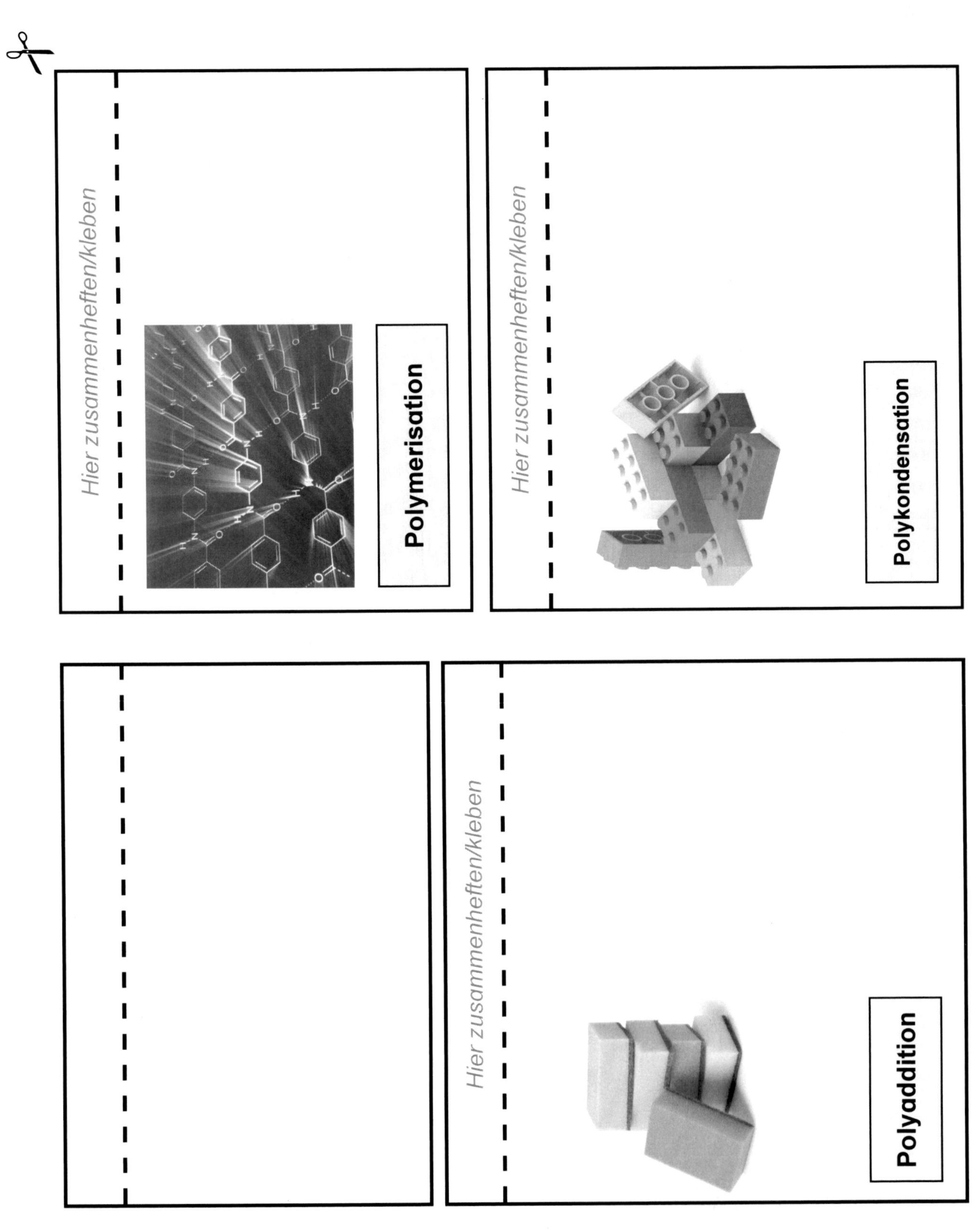

6. Mappe – Einteilung der Kunststoffe

Aufgabe 5:

Schneide die Mappe auf der nächsten Seite aus (mit 3 einzelnen Klappen!) und falte sie an der gestrichelten Linie nach hinten. Klebe den langen Balken ganz unten auf die Mappe. Ergänze die 3 Infotexte (1. Reihe, Lösung nächste Seite ganz unten) und klebe sie jeweils passend oberhalb des Balkens ein. Klebe die 3 anderen Rechtecke (2. Reihe, Bilder) auf die Laschenrückseiten.

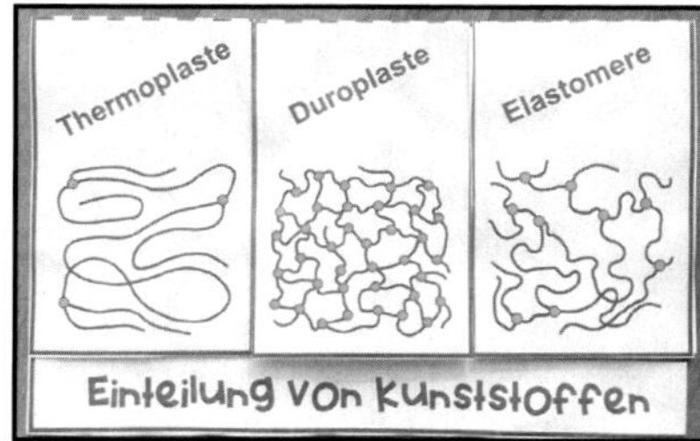

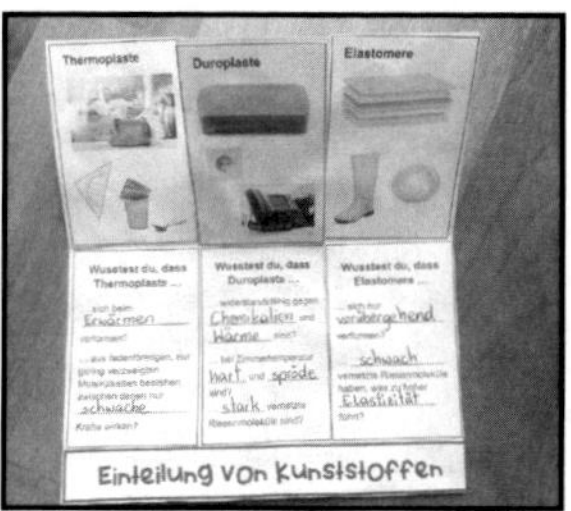

Wusstest du, dass Thermoplaste …	**Wusstest du, dass Duroplaste …**	**Wusstest du, dass Elastomere …**
… sich beim ______________ verformen?	… widerstandsfähig gegen ______________ und ______________ sind?	… sich nur ______________ verformen?
… aus fadenförmigen, nur gering verzweigten Molekülketten bestehen, zwischen denen nur ______________ Kräfte wirken?	… bei Zimmertemperatur ________ und ________ sind?	… ______________ vernetzte Riesenmoleküle haben, was zu hoher ______________ führt?
	… ________ vernetzte Riesenmoleküle sind?	

Thermoplaste

Duroplaste

Elastomere

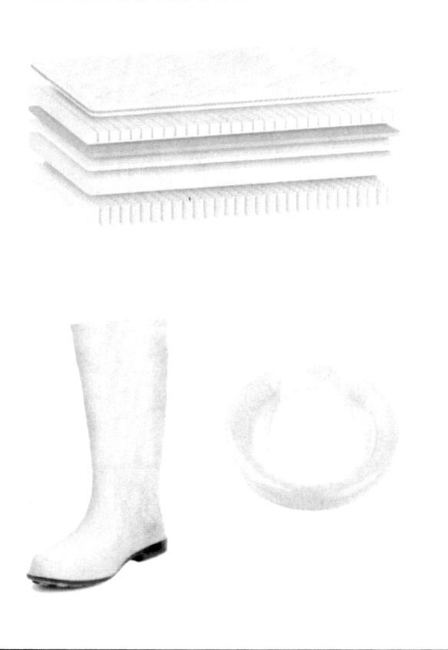

KOHL VERLAG Lapbooks im Chemieunterricht Kopiervorlagen für die Sekundarstufe – Bestell-Nr. 12 818

6. Mappe – Einteilung der Kunststoffe

Einteilung von Kunststoffen

Hier an das Lapbook kleben

Thermoplaste	Duroplaste	Elastomere
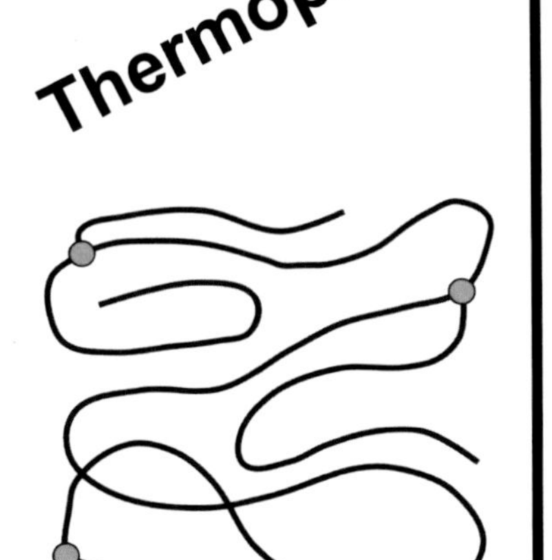	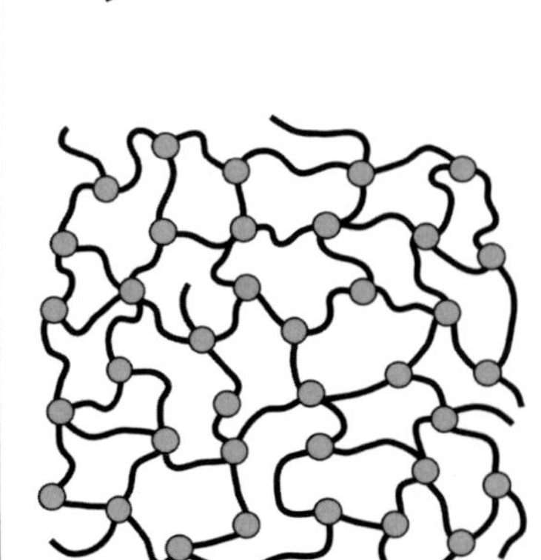	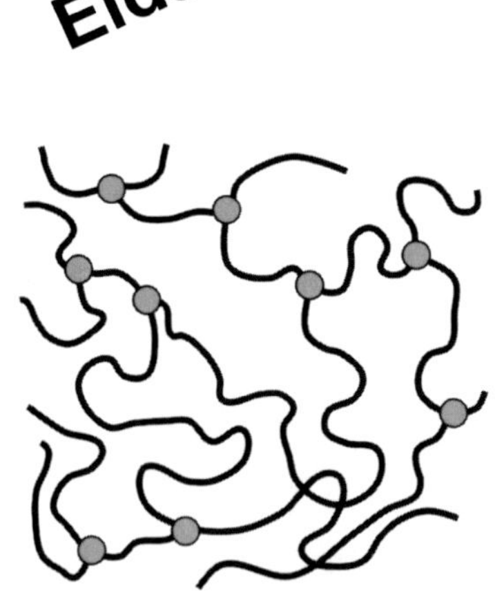

Lösung:
- Thermoplaste: Erwärmen, schwache;
- Duroplaste: Chemikalien, Wärme, hart, spröde, stark;
- Elastomere: vorübergehend, schwach, Elastizität.

KOHL VERLAG
Lapbooks im Chemieunterricht
Kopiervorlagen für die Sekundarstufe – Bestell-Nr. 12 818

7. Tasche – Kunststoffe erkennen

Aufgabe 6: a) *Schneide die 8 Rechtecke aus und klebe jeweils 2 passende mit den Rückseiten zusammen. Führe die Versuche aus und vervollständige die Rechtecke. Du erhältst 4 Kärtchen zum Einstecken in die Tasche auf der nächsten Seite. Dort stehen auch die Lösungen.*

Fotos

Das musst du wissen:

Das musst du wissen:
Es gibt verschiedene Proben zur Erkennung von Kunststoffen:

1) _ _ _ _ _ _ _ probe (= Dichteprobe);

2) _ _ _ _ _ probe;

3) _ _ _ _ _ _ _ _ _ _ _ probe

Versuch 1:

Materialien: Schere

Stoffe: Joghurtbecher, Plastikflasche, Plastikbeutel, alte Bankomatkarte

Durchführung: Schneide aus jedem Kunststoff etwa 1 cm^2 große Stücke.

Versuche, die Stücke mit deinem Fingernagel einzuritzen.

Versuch 2:

Materialien: Becherglas mit Wasser

Stoffe: Plastikstücke aus Versuch 1.

Durchführung: Drücke die Plastikstücke unter Wasser. Welche tauchen wieder auf?

Achtung: Die Stücke dürfen nicht am Boden haften bleiben!

Versuch 3:

Materialien: Mikrobrenner, Tiegelzange, Schutzbrille, feuerfeste Unterlage

Stoffe: Plastikstücke aus Versuch 1.

Durchführung: Halte die Plastikstücke in die Brennerflamme.

Achtung: Dämpfe!

Ergebnis:

Ritzspuren:

____
____
____

keine Ritzspuren:

____
____
____
____

Ergebnis:

taucht nicht mehr auf:

____
____
____

schwimmt auf Wasser:

____
____
____

Ergebnis:

brennt:

____
____

brennt nicht, rußt:

____
____

rußt nicht:

____
____

Lapbooks im Chemieunterricht
Kopiervorlagen für die Sekundarstufe – Bestell-Nr. 12 818
KOHL VERLAG

7. Tasche – Kunststoffe erkennen

Aufgabe 6: b) *Schneide die Tasche aus, falte sie an den gestrichelten Linien nach hinten und klebe sie mit den seitlichen Klebelaschen zusammen.*

Kunststoffe erkennen

Klebelasche

Hier an das Lapbook kleben

Klebelasche

Lösung: 1) Schwimmprobe 2) Brennprobe 3) Fingernagelprobe

KOHL VERLAG
Lapbooks im Chemieunterricht
Kopiervorlagen für die Sekundarstufe – Bestell-Nr. 12 818

8. Mappe – Wichtige Begriffe

Aufgabe 7: *Schneide die Mappe auf der nächsten Seite aus (mit 4 einzelnen Klappen!) und falte sie an der gestrichelten Linie nach hinten. Klebe den langen Balken ganz rechts auf die Mappe. Ergänze die 4 Infotexte (Lösung unten) und klebe sie jeweils passend links neben den Balken.*

… ist ein Trennverfahren, bei dem flüssige Gemische mit unterschiedlichen

____

getrennt werden.

… sind sehr

____________________ Moleküle

(= Riesenmoleküle). In der organischen Chemie finden sich die meisten Makromoleküle. Sie sind meist

________________________ .

… ist ein Verfahren der

________________________ . Beim Cracken werden die langkettigen

____

gespalten. Dabei entstehen niedrigsiedende Kohlenwasserstoffe und Spaltgase.

… ist ein

____

(auch Pellets genannt). Es wird für die Herstellung von Plastikprodukten verwendet.

W I C H T I G E B E G R I F F E

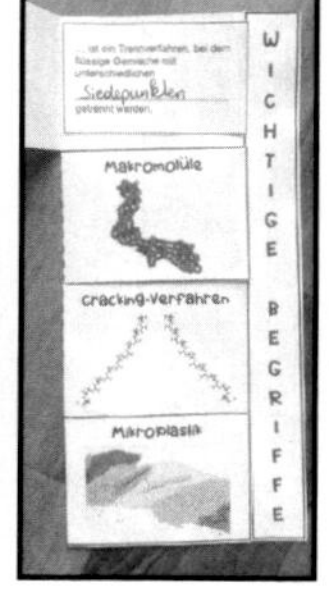

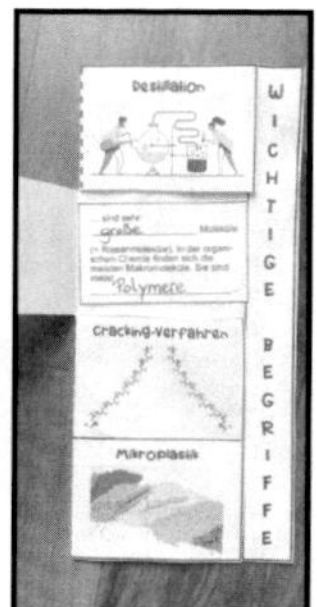

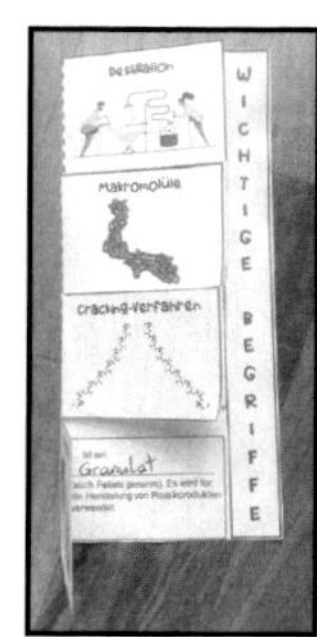

Lösung:
- Siedepunkten;
- große, Polymere;
- Erdölverarbeitung, Kohlenwasserstoffe;
- Granulat.

KOHL VERLAG
Lapbooks im Chemieunterricht
Kopiervorlagen für die Sekundarstufe – Bestell-Nr. 12 818

8. Mappe – Wichtige Begriffe

Hier an das Lapbook kleben

Destillation

Makromoleküle

Cracking-Verfahren

Mikroplastik

Lapbooks im Chemieunterricht
Kopiervorlagen für die Sekundarstufe – Bestell-Nr. 12 818
KOHL VERLAG

Für das Lapbook **Lebensmittel** finden sich folgende Kopiervorlagen:

1.) Deckblatt
2.) Tasche – Was enthält viele Kohlenhydrate?
3.) Mappe – Kohlenhydrate in der Nahrung
4.) Tasche – Was enthält viele Proteine?
5.) Tasche – Was enthält viele Fette?
6.) Mappe – Unterscheidung von Fetten
7.) Puzzle – Vitamine

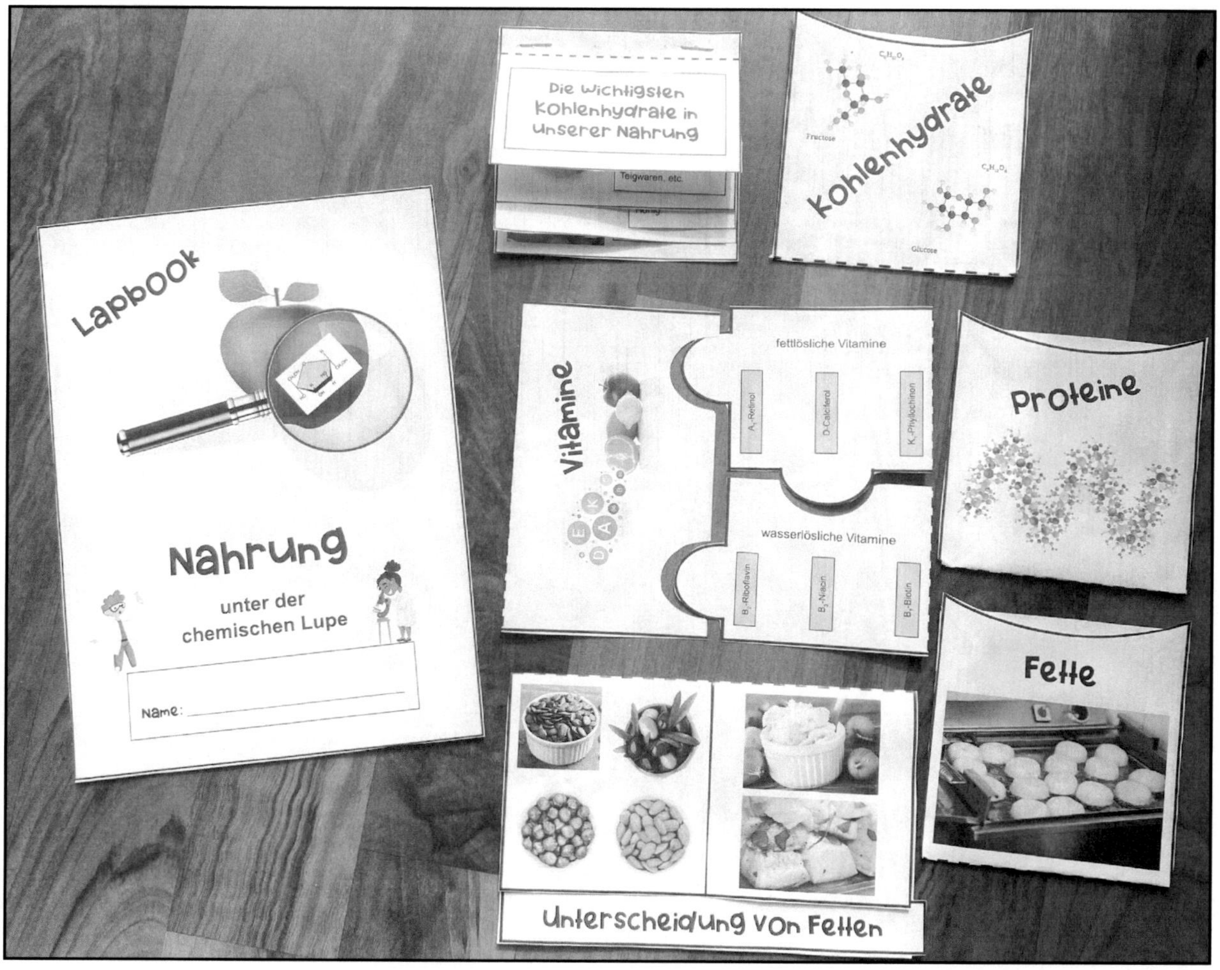

Verwende als Quelle das Internet, dein Chemiebuch, das Lexikon oder die Schulbibliothek.

1. Deckblatt

Lapbook

Nahrung

unter der chemischen Lupe

Name: ______________________________

2. Tasche – Was enthält viele Kohlenhydrate?

Aufgabe 1: a) *Schneide die Quadrate aus und klebe jeweils 2 zueinander passende mit den Rückseiten zusammen. Die 2 Bilder „Wenig-Kohlenhydrate" und die 2 heiß gegessenen „Viel-Kohlenhydrate" gehören zueinander, sowie die passenden Texte. Vervollständige diese Texte, schreibe ein K neben die Bilder „Viel-Kohlenhydrate" (Lösungen nächste Seite). Du erhältst 5 Kärtchen für die Tasche.*

Kohlenhydrate
liefern dem Körper
____
und
________________ .
Sie sind eine Gruppe

von
____
Ver ______________ ,
die auch als *Zucker*
bezeichnet werden.

Wenn du zu
____
Kohlenhydrate
isst, dann werden sie

vom Körper in ________
umgewandelt
– als Vorrat für schlechte Zeiten.

KOHL VERLAG
Lapbooks im Chemieunterricht
Kopiervorlagen für die Sekundarstufe – Bestell-Nr. 12 818

2. Tasche – Was enthält viele Kohlenhydrate?

Aufgabe 1: b) *Schneide die Tasche aus, falte sie an den gestrichelten Linien nach hinten und klebe sie mit den seitlichen Klebelaschen zusammen.*

$C_6H_{12}O_6$

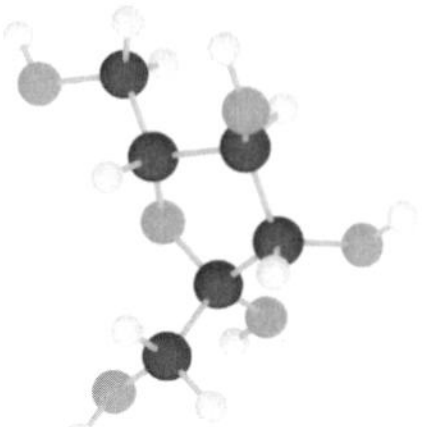

Fructose

Kohlenhydrate

$C_6H_{12}O_6$

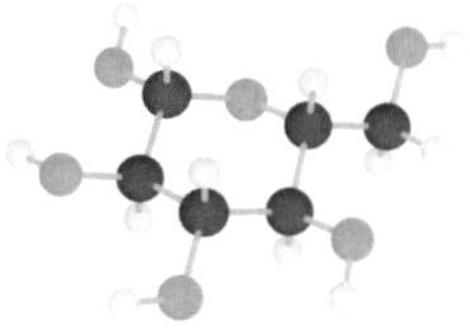

Glucose

Hier an das Lapbook kleben

Klebelasche

Klebelasche

Lösung:
- Kohlenhydrate liefern dem Körper Kraft und Energie. Sie sind eine Gruppe von organischen Verbindungen, die auch als Zucker bezeichnet werden.
- Wenn du zu viele Kohlenhydrate isst, dann werden sie vom Körper in Fett umgewandelt – als Vorrat für schlechte Zeiten.
- Wenig-Kohlenhydrate: Fisch, Spargel
- Viel-Kohlenhydrate, heiß gegessen: Nudeln, Kartoffeln
- Viel-Kohlenhydrate, kalt gegessen: Eis, Brot

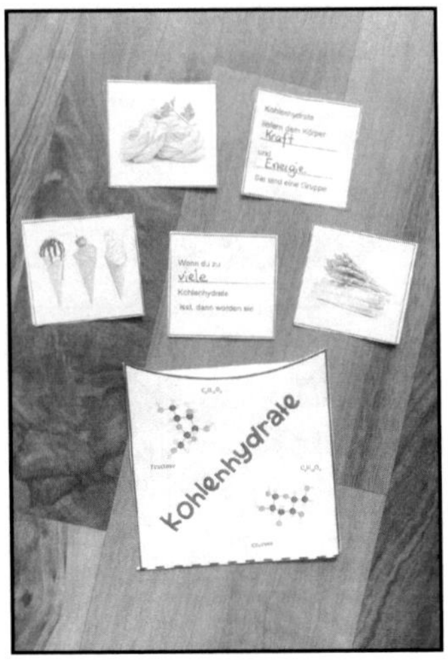

KOHL VERLAG
Lapbooks im Chemieunterricht
Kopiervorlagen für die Sekundarstufe – Bestell-Nr. 12 818

3. Mappe – Kohlenhydrate in der Nahrung

Aufgabe 2: *Schneide die 4 Rechtecke auf der nächsten Seite aus und knicke sie jeweils an der gestrichelten Linie nur ein wenig nach vorn. Lege sie nach der Größe (klein oben) aufeinander und hefte (oder klebe) sie oben bündig am schmalen Balken zusammen.*

Schneide die 3 Streifen und die 3 Lückentexte aus und klebe sie jeweils auf die richtigen freien Stellen in der Mappe. Vervollständige dann die Lückentexte.

(= Traubenzucker) … zählt zu den

____

(= Einfachzucker); … ist enthalten in ____________ , Trauben und Marmelade, etc.

(= Rohr- und Rübenzucker) … ist ein

____

(= Zweifachzucker); … ist enthalten in

________________ ,

Süßwaren allgemein, gesüßter Limonade, etc.

(= Fruchtzucker) … zählt zu den Monosacchariden (= ____________); … ist enthalten in

________________ ,

Fruchtsäften und Honig.

Glukose

Fructose

Saccharose

Lösung:
- **Glukose = Traubenzucker … zählt zu den Monosacchariden (= Einfachzucker); … ist enthalten in Brot, Reis, Teigwaren, etc.**
- **Fructose = Fruchtzucker … zählt zu den Monosacchariden (= Einfachzucker); … ist enthalten in Früchten, Fruchtsäften und Honig.**
- **Saccharose = Rohr- und Rübenzucker … ist ein Disaccharid (= Zweifachzucker); … ist enthalten in Zucker, Süßwaren allgemein, gesüßter Limonade, etc.**

KOHL VERLAG Lapbooks im Chemieunterricht Kopiervorlagen für die Sekundarstufe – Bestell-Nr. 12 818

3. Mappe – Kohlenhydrate in der Nahrung

Hier zusammenheften/kleben

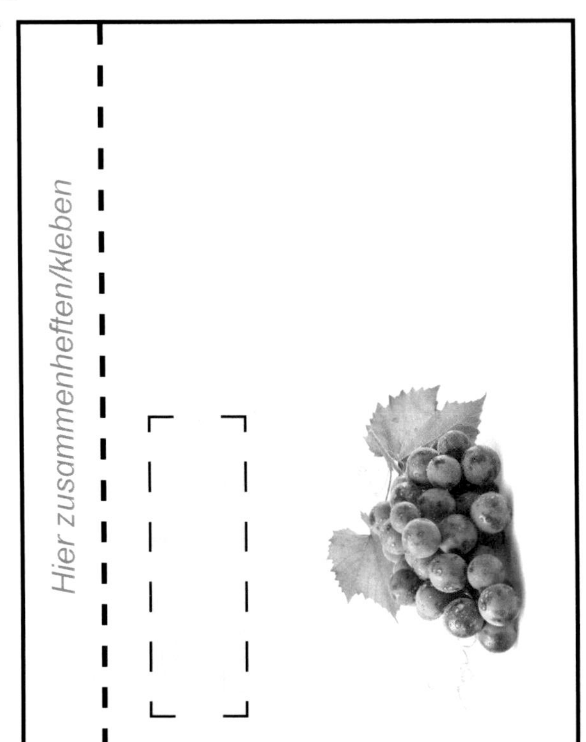

Hier zusammenheften/kleben

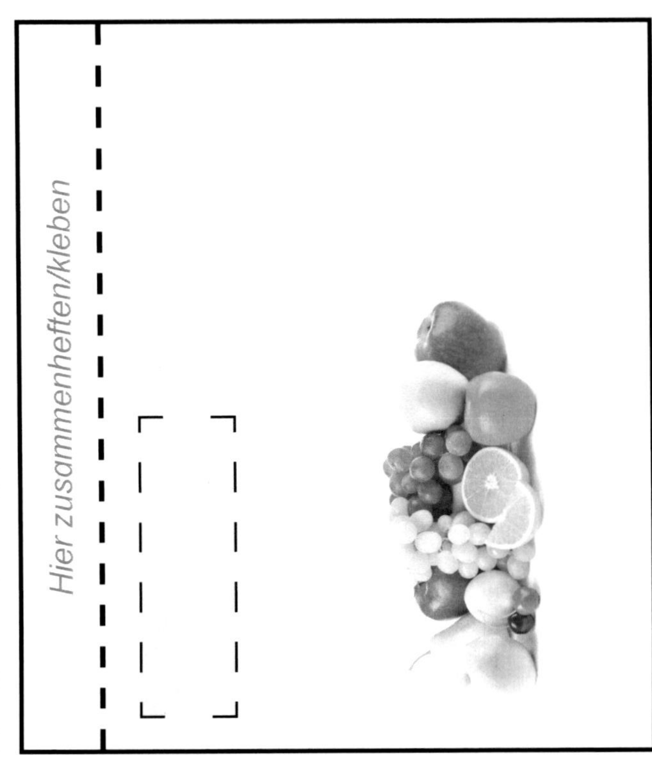

Die Wichtigsten Kohlenhydrate in unserer Nahrung

Hier zusammenheften/kleben

4. Tasche – Was enthält viele Proteine?

Aufgabe 3: a) *Schneide die Quadrate aus und klebe jeweils 2 passende aneinander. Zusammen gehören die Texte und bei den Bildern: 2 „Wenig-Proteine“, 2 nicht vegetarische „Viel-Proteine“, 2 Gemüse … Vervollständige die Texte, schreibe ein P neben die Bilder „Viel-Proteine“ (Lösungen nächste Seite). Du erhältst 5 Kärtchen für die Tasche.*

Proteine werden auch

____

genannt. Sie gehören zu den Grundbausteinen aller

______________________ .

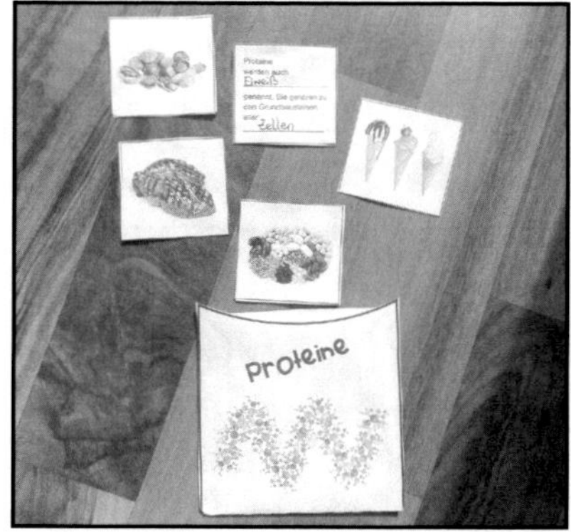

Proteine sind

______________________ ,

die aus

____

aufgebaut sind. Diese enthalten Kohlenstoff,

__________________stoff,

Sauerstoff und Stickstoff.

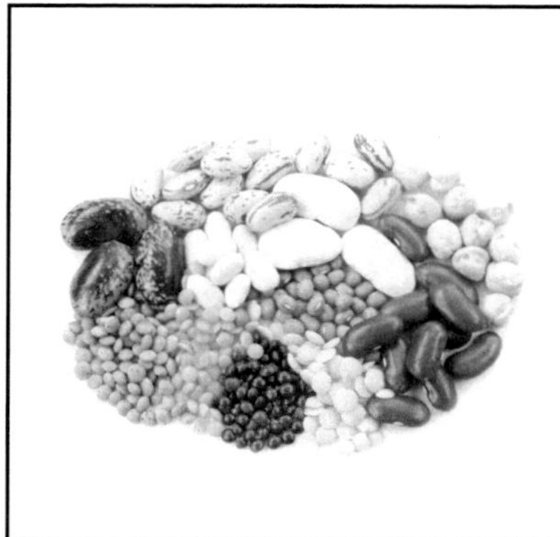

KOHL VERLAG
Lapbooks im Chemieunterricht
Kopiervorlagen für die Sekundarstufe – Bestell-Nr. 12 818

4. Tasche – Was enthält viele Proteine?

Aufgabe 3: b) *Schneide die Tasche aus, falte sie an den gestrichelten Linien nach hinten und klebe sie mit den seitlichen Klebelaschen zusammen.*

Proteine

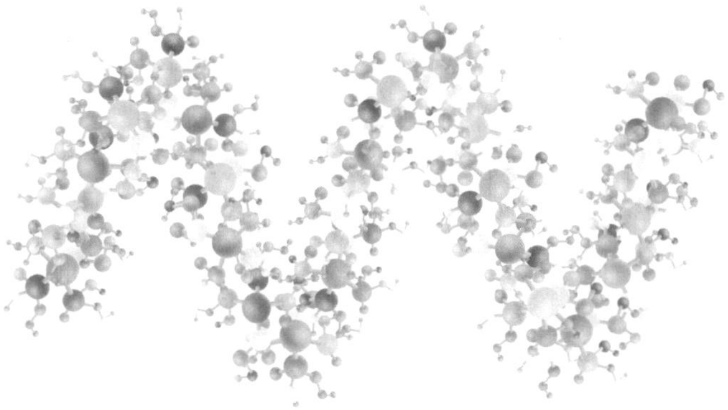

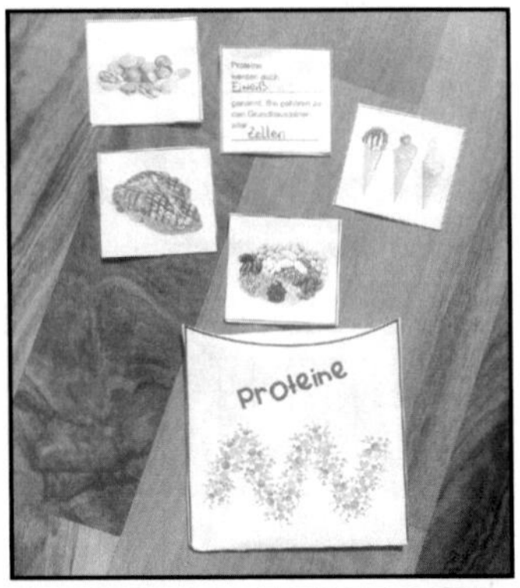

Hier an das Lapbook kleben

Klebelasche

Klebelasche

Lösung:
- Proteine werden auch Eiweiß genannt. Sie gehören zu den Grundbausteinen aller Zellen.
- Proteine sind Makromoleküle, die aus Aminosäuren aufgebaut sind. Diese enthalten Kohlenstoff, Wasserstoff, Sauerstoff und Stickstoff.
- Wenig-Proteine: Kartoffeln, Eis
- Viel-Proteine, nicht vegetarisch: Fisch, Fleisch
- Viel-Proteine, Gemüse: Hülsenfrüchte (Erbsen, Bohnen), Spinat
- Viel-Proteine, Rest: Magerquark, Nüsse

KOHL VERLAG
Lapbooks im Chemieunterricht
Kopiervorlagen für die Sekundarstufe – Bestell-Nr. 12 818

5. Tasche – Was enthält viele Fette?

Aufgabe 4: a) *Schneide die Quadrate aus und klebe jeweils 2 passende aneinander. Zusammen gehören die Texte und bei den Bildern: 2 „Wenig-Fette" mit viel Kohlenhydraten, 2 nicht vegetarische „Viel-Fette" ... Vervollständige die Texte, schreibe ein F neben die Bilder „Viel-Fette" (Lösungen nächste Seite). Du erhältst 5 Kärtchen für die Tasche.*

Fette
liefern am meisten
__________ und sind in
Wasser __________ .
Es gibt __________
und __________ Fette.

Fette
bestehen aus
____
und 3 __________ .
Es gibt __________
und
____
Fettsäuren.

Heringe

Hecht

KOHL VERLAG
Lapbooks im Chemieunterricht
Kopiervorlagen für die Sekundarstufe – Bestell-Nr. 12 818

5. Tasche – Was enthält viele Fette?

Aufgabe 4: **b)** *Schneide die Tasche aus, falte sie an den gestrichelten Linien nach hinten und klebe sie mit den seitlichen Klebelaschen zusammen.*

Fette

Klebelasche

Hier an das Lapbook kleben

Klebelasche

Lösung:
- Fette liefern am meisten Energie und sind in Wasser unlöslich. Es gibt pflanzliche und tierische Fette.
- Fette bestehen aus Glycerin und 3 Fettsäuren. Es gibt gesättigte und ungesättigte Fettsäuren.
- Wenig-Fette mit viel Kohlenhydraten: Brot, Nudeln
- Wenig-Fette, Rest: Hecht, Spargel
- Viel-Fette, nicht vegetarisch: Speck, Heringe
- Viel-Fette, Rest: Butter, Olivenöl

KOHL VERLAG
Lapbooks im Chemieunterricht
Kopiervorlagen für die Sekundarstufe – Bestell-Nr. 12 818

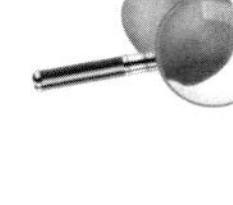

6. Mappe – Unterscheidung von Fetten

Aufgabe 5: *Schneide die Mappe auf der nächsten Seite aus (mit 2 einzelnen Klappen!) und falte sie an der gestrichelten Linie nach hinten. Klebe den langen Balken ganz unten auf die Mappe. Ergänze die Beispiele (Lösungen nächste Seite) und klebe die 4 Rechtecke passend, jeweils 2 oberhalb des Balkens und 2 auf den Laschenrückseiten, an.*

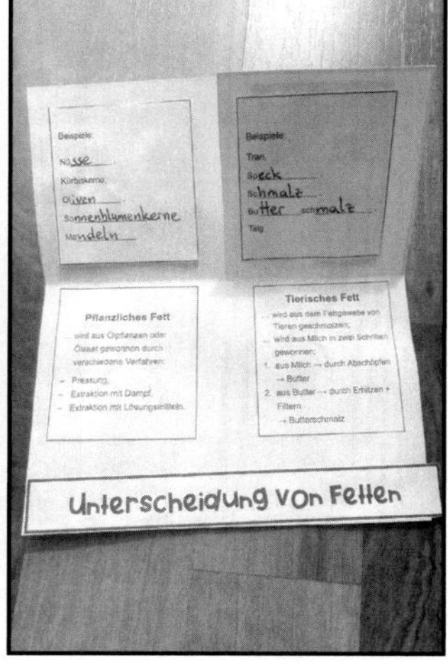

Tierisches Fett

... wird aus dem Fettgewebe von Tieren geschmolzen;

... wird aus Milch in zwei Schritten gewonnen:

1. aus Milch → durch Abschöpfen → Butter
2. aus Butter → durch Erhitzen + Filtern → Butterschmalz

Pflanzliches Fett

... wird aus Ölpflanzen oder Ölsaat gewonnen durch verschiedene Verfahren:

- Pressung,
- Extraktion mit Dampf,
- Extraktion mit Lösungsmitteln.

Beispiele:

Nü__________,

Kürbiskerne,

Ol__________,

So________________,

Ma__________

Beispiele:

Tran,

Sp__________,

Sc__________,

Bu__________sch__________,

Talg

Unterscheidung von Fetten

KOHL VERLAG Lapbooks im Chemieunterricht Kopiervorlagen für die Sekundarstufe – Bestell-Nr. 12 818

6. Mappe – Unterscheidung von Fetten

Hier an das Lapbook kleben

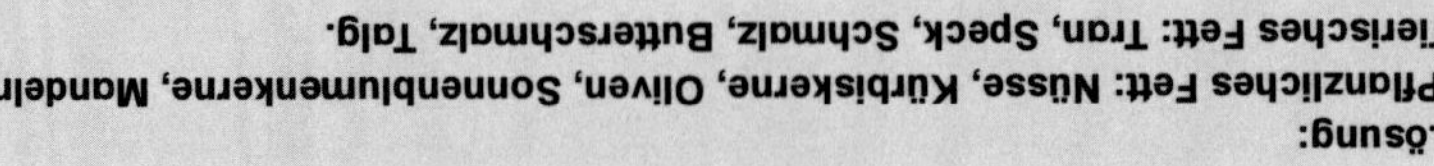

Lösung:
Pflanzliches Fett: Nüsse, Kürbiskerne, Oliven, Sonnenblumenkerne, Mandeln;
Tierisches Fett: Tran, Speck, Schmalz, Butterschmalz, Talg.

7. Puzzle – Vitamine

Aufgabe 6: *Schneide die 3 Puzzle-Teile aus, falte sie an den gestrichelten Linien nach hinten und klebe sie mit den seitlichen Klebelaschen an das Lapbook. Klebe passend die 6 Streifen zur Verwendung der Vitamine unter und die 6 Streifen zum Vorkommen der Vitamine hinter die kleinen Teile. Ergänze den Lückentext und klebe ihn unter das große Teil.*

Verwertung von Fetten, Eiweiß und Kohlenhydraten	Sehkraft, Zellwachstum
Merkfähigkeit, Konzentration	Förderung der Calciumaufnahme in Knochen
Haut, Haare und Nägel	Blutbildung

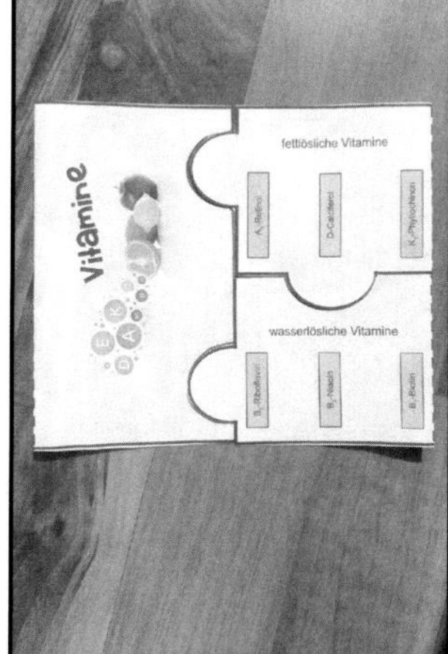

Fleisch, Vollkornprodukte	Leber, Karotten
Fisch, Fleisch	Milch, Eigelb
Leber, Blumenkohl	Eier, Grünkohl

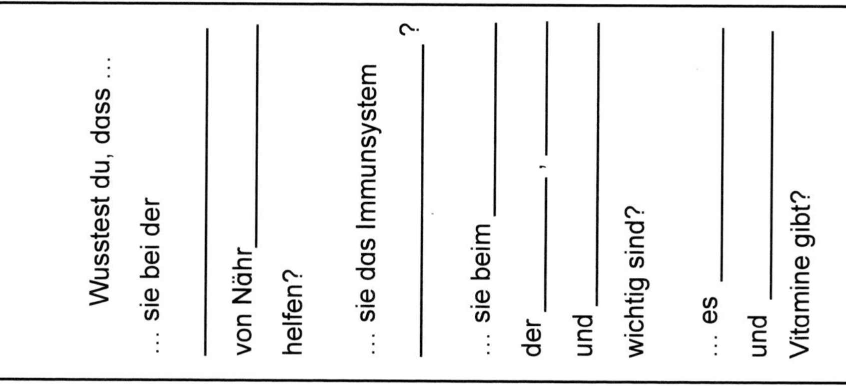
Wusstest du, dass ...

... sie bei der ________ von Nähr________ helfen?

... sie das Immunsystem ________?

... sie beim ________ der ________, ________ und ________ wichtig sind?

... es ________ und ________ Vitamine gibt?

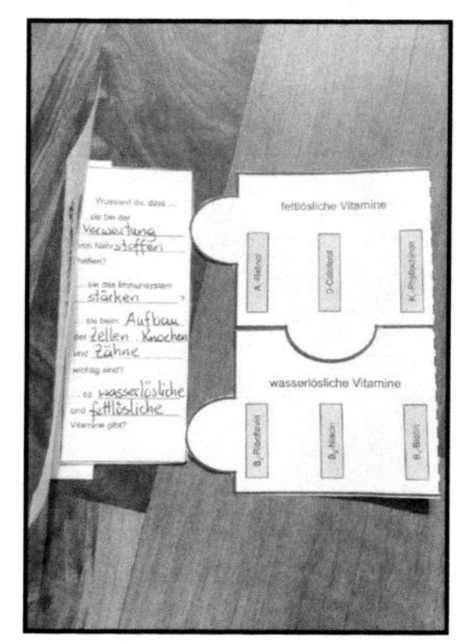

7. Puzzle – Vitamine

✂

Hier an das Lapbook kleben

Vitamine

E D A K B6 B B1

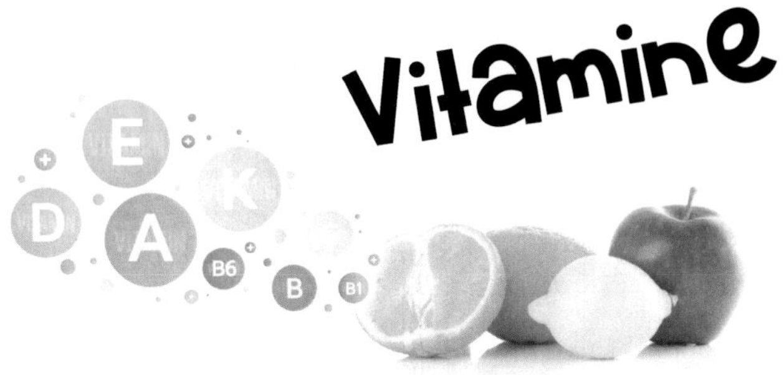

wasserlösliche Vitamine	fettlösliche Vitamine
B_2-Riboflavin	A_1-Retinol
B_3-Niacin	D-Calciferol
B_7-Biotin	K_1-Phyllochinon

Hier an das Lapbook kleben

Hier an das Lapbook kleben

Lösung:
… sie bei der Verwertung von Nährstoffen helfen?
… sie das Immunsystem stärken?
… sie beim Aufbau der Zellen, Knochen und Zähne wichtig sind?
… es wasserlösliche und fettlösliche Vitamine gibt?

Lapbooks im Chemieunterricht
Kopiervorlagen für die Sekundarstufe – Bestell-Nr. 12 818

Lapbooks Chemie • Periodensystem der Elemente

Für das Lapbook **Periodensystem** finden sich folgende Kopiervorlagen:

1.) Deckblatt
2.) Fahnen – Wichtige Informationen
3.) Mappe – Informationen zum Element
4.) Tasche – Edelgase
5.) Kuvert – Halogene
6.) Mappe – Alkalimetalle
7.) Mappe – Wichtige Begriffe

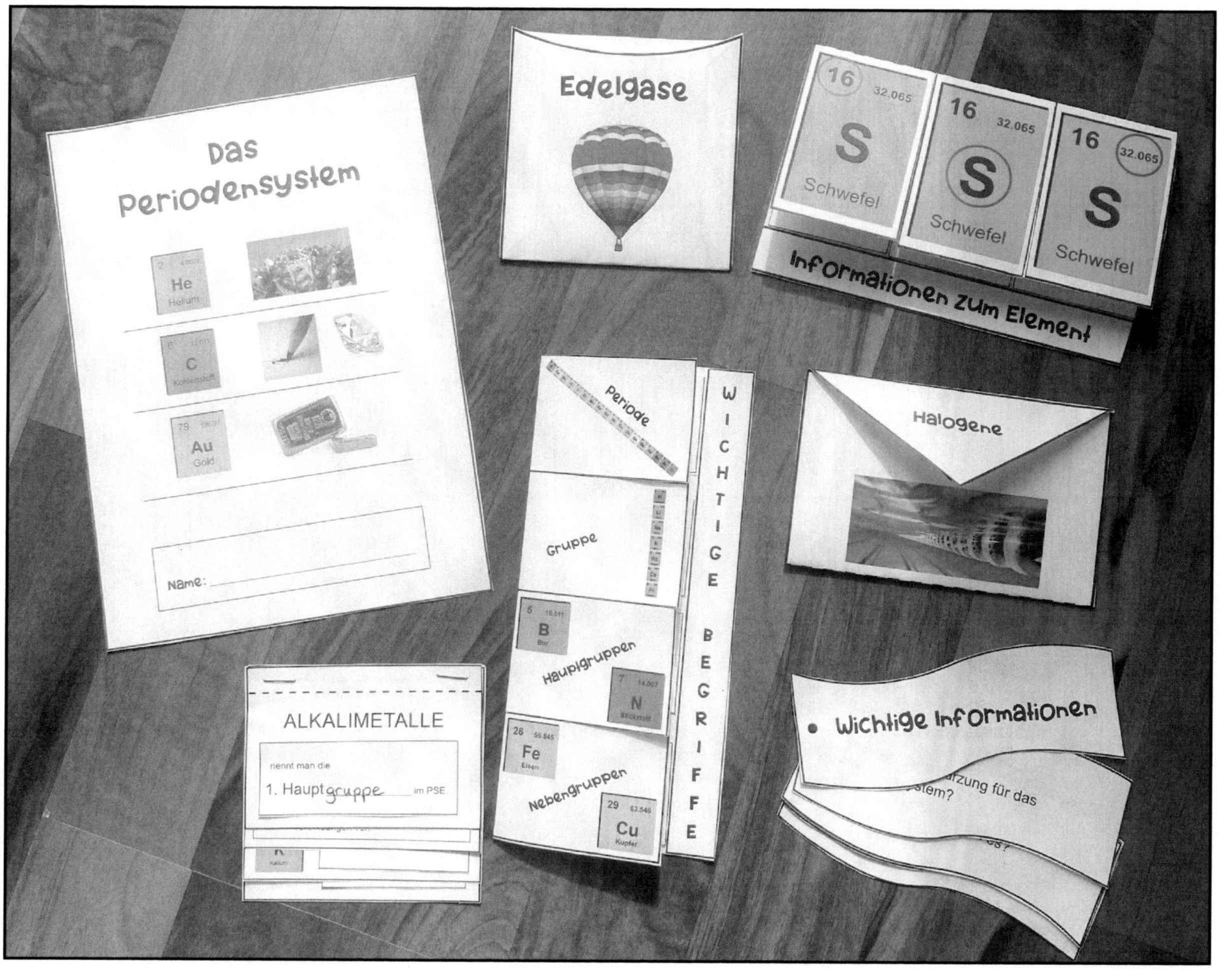

Verwende als Quelle das Internet, dein Chemiebuch, das Lexikon oder die Schulbibliothek.

1. Deckblatt

Das Periodensystem

6 12.011
C
Kohlenstoff

79 196.97
Au
Gold

Name: ____________________________________

Lapbooks im Chemieunterricht
Kopiervorlagen für die Sekundarstufe – Bestell-Nr. 12 818
KOHL VERLAG

2. Fahnenstapel – Wichtige Informationen

Aufgabe 1: *Schneide die Fahnen aus, loche die Kreismarkierungen und verbinde so den Fahnenstapel mit einer Splinte (erste Fahne nach oben).*

Schreibe jeweils die Antwort auf die Frage auf die Rückseite der Fahne!

✂

- **Wichtige Informationen**

- Was ist die Abkürzung für das Periodensystem?

- Wie viele Elemente gibt es?

- Wer hat das Periodensystem entwickelt?

KOHL VERLAG Lapbooks im Chemieunterricht Kopiervorlagen für die Sekundarstufe – Bestell-Nr. 12 818

2. Fahnenstapel – Wichtige Informationen

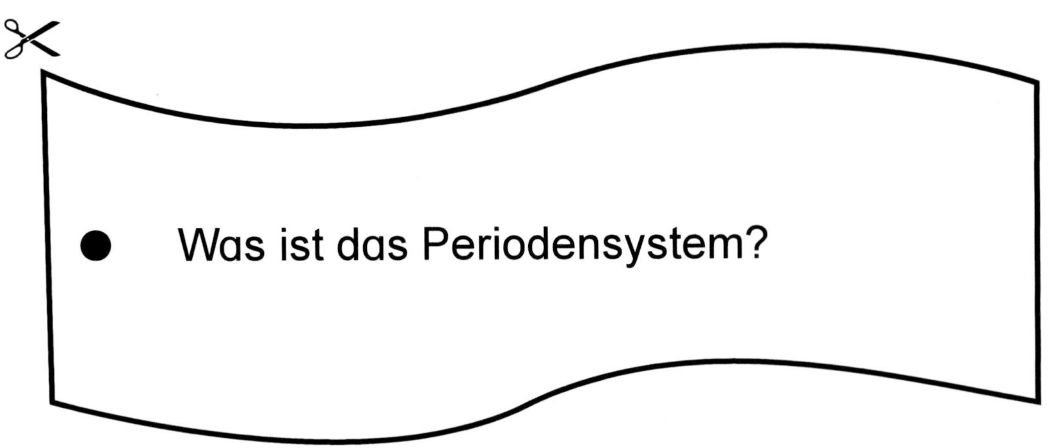

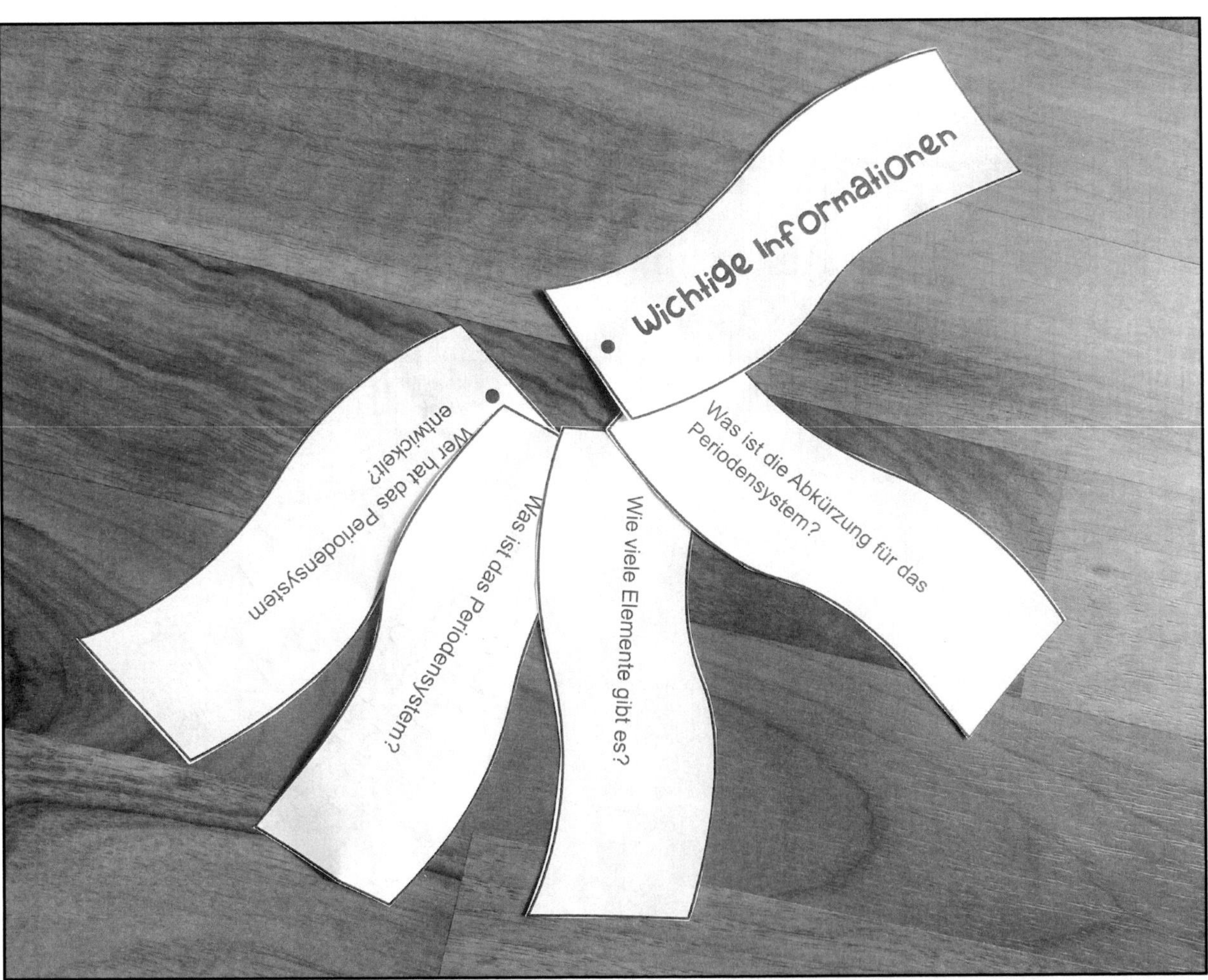

Lösung:
- **PSE**
- **118**
- **die Chemiker Dimitri Mendelejew und Lothar Meyer**
- **Das Periodensystem ist eine Tabelle, in der alle Atomarten (Elemente) nach ihren Eigenschaften angeordnet sind.**

3. Mappe – Informationen zum Element

Aufgabe 2: *Schneide die Mappe auf der nächsten Seite aus (mit 3 einzelnen Klappen!) und falte sie an der gestrichelten Linie nach hinten. Klebe den langen Balken ganz unten auf die Mappe. Ergänze die 3 Infotexte (1. Reihe, Lösung nächste Seite ganz unten) und klebe sie jeweils passend oberhalb des Balkens ein. Klebe die 3 anderen Texte (2. Reihe, große Schrift) auf die Laschenrückseiten.*

... ist die	... gibt an, wie viele	... besteht aus
__________ der Anzahl von __________ mit der Abkürzung **n** und der Anzahl von __________ mit der Abkürzung **p+** in einem Atom.	__________ mit der Abkürzung **p+** im Kern des Atoms sind.	__________ oder __________ Buchstaben. Bei 2 Buchstaben wird der 1. Buchstabe _______ und der 2. ________ geschrieben. Beispiele: Mg, Na, Li, Fe

Das Element-symbol	**Die Massen-zahl**	**Die Ordnungs-zahl**

KOHL VERLAG Lapbooks im Chemieunterricht Kopiervorlagen für die Sekundarstufe – Bestell-Nr. 12 818

3. Mappe – Informationen zum Element

Informationen zum Element

Hier an das Lapbook kleben

16 32.065 S Schwefel	16 32.065 S Schwefel	16 32.065 S Schwefel

Lösung:
- Die Ordnungszahl gibt an, wie viele Protonen mit der Abkürzung p+ im Kern des Atoms sind.
- Das Elementsymbol besteht aus einem oder zwei Buchstaben. Bei 2 Buchstaben wird der 1. Buchstabe groß und der 2. klein geschrieben.
- Die Massenzahl ist die Summe der Anzahl von Neutronen mit der Abkürzung n und der Anzahl von Protonen mit der Abkürzung p+ in einem Atom.

4. Tasche – Edelgase

Aufgabe 3: **a)** *Schneide die Rechtecke aus und klebe jeweils ein kleines und ein passendes großes mit den Rückseiten zusammen. Vervollständige die großen Rechtecke. Du erhältst 6 Kärtchen zum Einstecken in die Tasche auf der nächsten Seite. Dort stehen auch die Lösungen.*

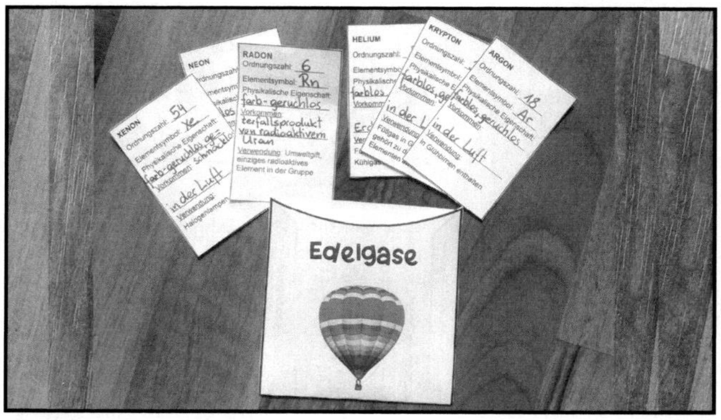

54 131.29 **Xe**	36 83.798 **Kr**	18 39.948 **Ar**
86 (222) **Rn**	10 20.180 **Ne**	2 4.0026 **He**

HELIUM
Ordnungszahl: _______
Elementsymbol: _______
Physikalische Eigenschaft:
____
Vorkommen: Weltall,
____
Verwendung:
Füllgas für Ballone,
Kühlgas für Atomreaktoren

NEON
Ordnungszahl: _______
Elementsymbol: _______
Physikalische Eigenschaft:
____
Vorkommen:
____
Verwendung:
Leuchtstoffröhre

ARGON
Ordnungszahl: _______
Elementsymbol: _______
Physikalische Eigenschaft:
____
Vorkommen:
____
Verwendung:
in Glühbirnen enthalten

KRYPTON
Ordnungszahl: _______
Elementsymbol: _______
Physikalische Eigenschaft:
____
Vorkommen:
____
Verwendung:
Füllgas in Glühbirnen,
gehört zu den seltensten
Elementen im PSE

XENON
Ordnungszahl: _______
Elementsymbol: _______
Physikalische Eigenschaft:
____
Vorkommen:
____
Verwendung:
Halogenlampen

RADON
Ordnungszahl: _______
Elementsymbol: _______
Physikalische Eigenschaft:
____
Vorkommen:
____
Verwendung: Umweltgift,
einziges radioaktives
Element in der Gruppe

Lapbooks im Chemieunterricht
Kopiervorlagen für die Sekundarstufe – Bestell-Nr. 12 818
KOHL VERLAG

4. Tasche – Edelgase

Aufgabe 3: **b)** *Schneide die Tasche aus, falte sie an den gestrichelten Linien nach hinten und klebe sie mit den seitlichen Klebelaschen zusammen.*

Klebelasche

Hier an das Lapbook kleben

Klebelasche

RADON 6 Rn
farblos, geruchlos
Vorkommen: Zerfallsprodukt von radioaktivem Uran
Verwendung: Umweltgift, einziges radioaktives Element in der Gruppe

KRYPTON 36 Kr
farblos, geruchlos
Vorkommen: in der Luft
Verwendung: Füllgas in Glühbirnen, gehört zu den seltensten Elementen im PSE

HELIUM 2 He
farblos, geruchlos
Vorkommen: Weltall, Erdgas
Verwendung: Füllgas für Ballone, Kühlgas für Atomreaktoren

XENON 54 Xe
farblos, geruchlos, geschmacklos
Vorkommen: in der Luft
Verwendung: Halogenlampen

ARGON 18 Ar
farblos, geruchlos
Vorkommen: in der Luft
Verwendung: in Glühbirnen enthalten

Lösung:
NEON 10 Ne
farblos, geruchlos
Vorkommen: in der Luft
Verwendung: Leuchtstoffröhre

5. Kuvert – Halogene

Aufgabe 4: a) *Schneide die Rechtecke aus und vervollständige sie. Du erhältst 5 Karten zum Einstecken in das Kuvert auf der nächsten Seite. Dort stehen auch die Lösungen.*

Hast du gewusst, dass ...

- die Elemente Fluor ______, Chlor ______, Brom ______ und Iod ______ sich in der 7. Hauptgruppe befinden?
- sie auch als ______ bezeichnet werden?
- Halogene ______ sind?
- sie ______ sind?

---

9 18.998

F

Name: ______________

→ ist ein hellgrünes Gas, verursacht Verätzungen

→ Verwendung: Isolator, Kunststoffbearbeitung

Name: ______________

→ ist ein gelb-grünes Gas, verursacht Verätzungen

→ Verwendung: in Schwimmbädern zur Desinfektion, in Putzmitteln

---

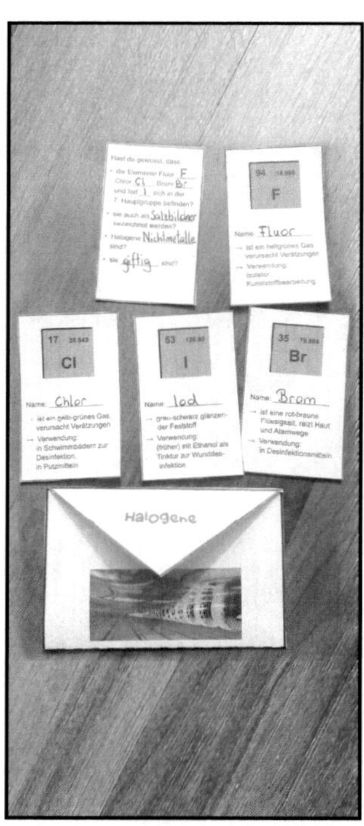

---

35 79.904

Br

Name: ______________

→ ist eine rot-braune Flüssigkeit, reizt Haut und Atemwege

→ Verwendung: in Desinfektionsmitteln

---

53 126.90

I

Name: ______________

→ grau-schwarz glänzender Feststoff

→ Verwendung: (früher) mit Ethanol als Tinktur zur Wunddesinfektion

Lapbooks im Chemieunterricht
Kopiervorlagen für die Sekundarstufe – Bestell-Nr. 12 818
KOHL VERLAG

5. Kuvert – Halogene

Aufgabe 5: **a)** *Schneide das Kuvert aus, falte es an den gestrichelten Linien nach hinten und klebe es mit den seitlichen Klebelaschen zusammen.*

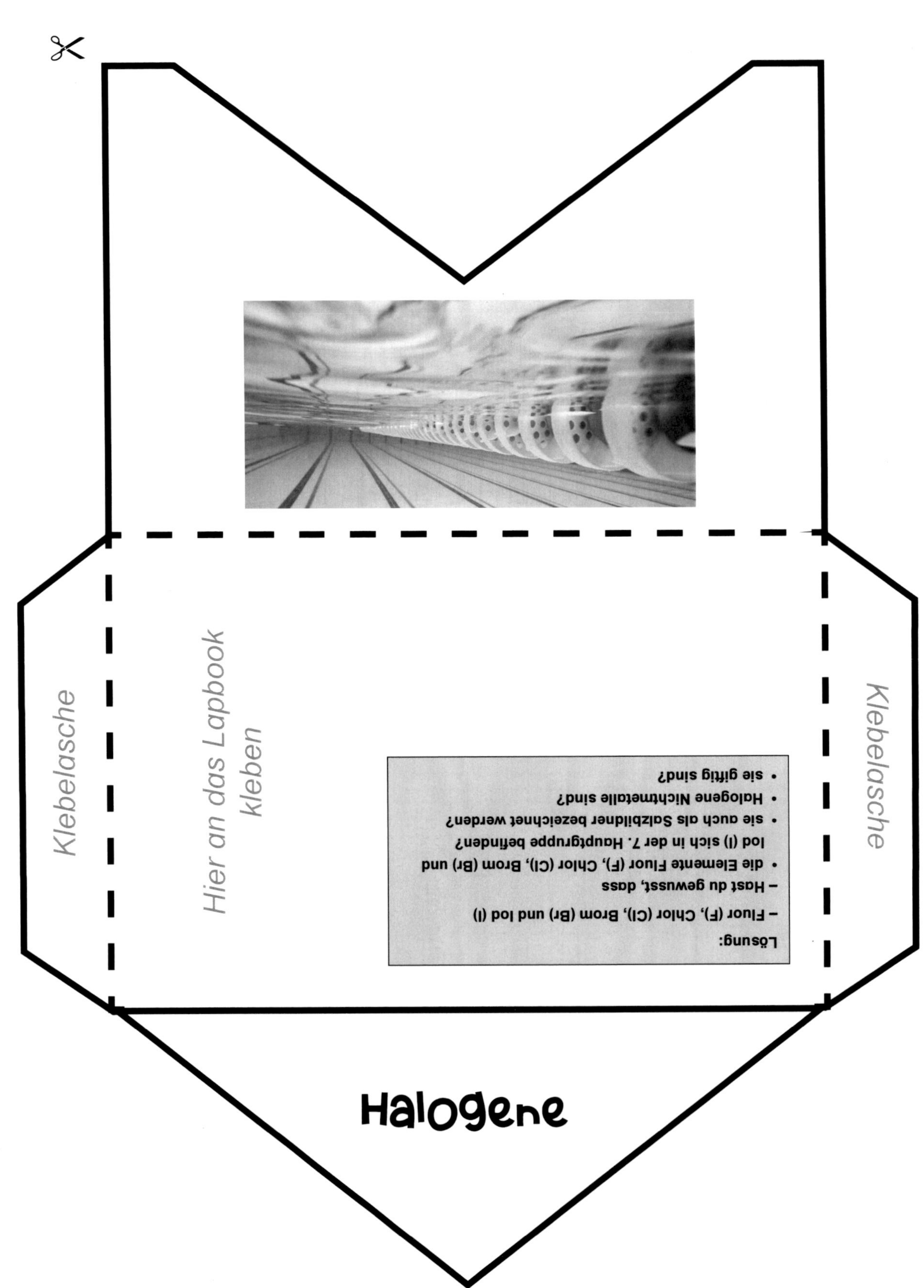

KOHL VERLAG *Lapbooks* im Chemieunterricht
Kopiervorlagen für die Sekundarstufe – Bestell-Nr. 12 818

6. Mappe – Alkalimetalle

Aufgabe 6: *Schneide die 4 Rechtecke auf der nächsten Seite aus und knicke sie jeweils an der gestrichelten Linie nur ein wenig nach vorn. Lege sie nach der Größe (klein oben) aufeinander und hefte (oder klebe) sie oben bündig am schmalen Balken zusammen.*

Vervollständige die 4 Lückentexte. Schneide diese dann aus und klebe sie jeweils auf die richtigen freien Stellen in der Mappe.

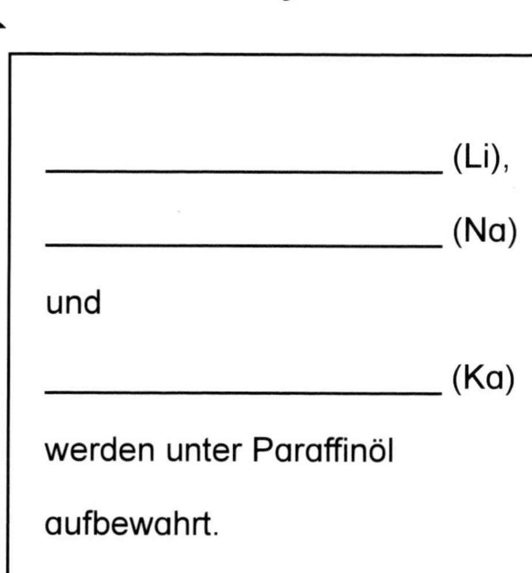

______________ (Li),

______________ (Na)

und

______________ (Ka)

werden unter Paraffinöl

aufbewahrt.

Alkalimetalle sind __________ Metalle, die heftig mit __________ reagieren. Sie müssen ______________ aufbewahrt werden. In der Natur kommen sie nur als __________ oder in Verbindungen vor.

nennt man die

1. Haupt __________ im PSE.

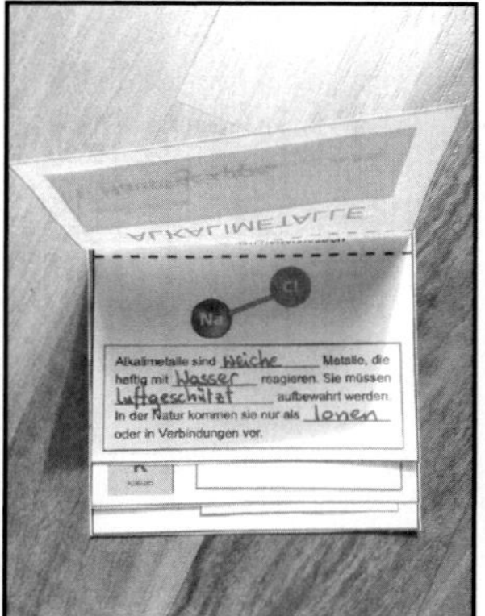

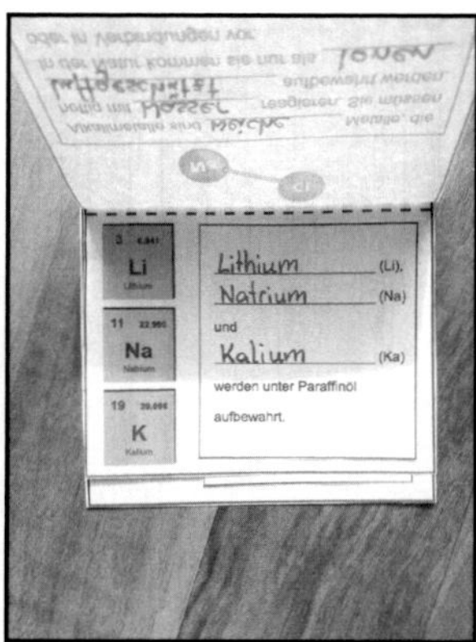

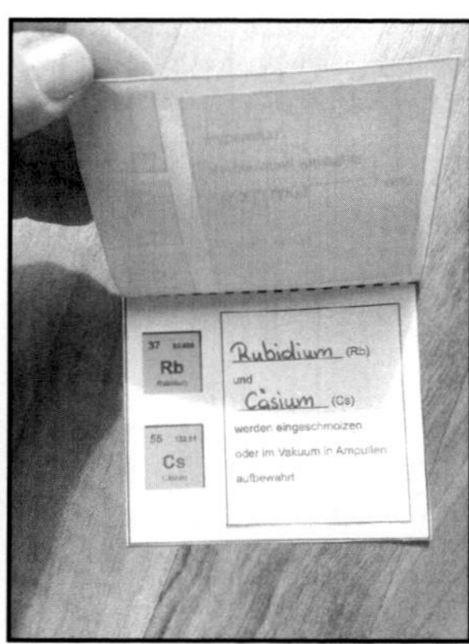

______________ (Rb)

und

______________ (Cs)

werden eingeschmolzen

oder im Vakuum in Ampullen

aufbewahrt.

Lösung:

- **Alkalimetalle nennt man die 1. Hauptgruppe im PSE.**
- **Alkalimetalle sind weiche Metalle, die heftig mit Wasser reagieren. Sie müssen luftgeschützt aufbewahrt werden. In der Natur kommen sie nur als Ionen oder in Verbindungen vor.**
- **Lithium (Li), Natrium (Na) und Kalium (Ka) werden unter Paraffinöl aufbewahrt.**
- **Rubidium (Rb) und Cäsium (Cs) werden eingeschmolzen oder im Vakuum in Ampullen aufbewahrt.**

Lapbooks im Chemieunterricht
Kopiervorlagen für die Sekundarstufe – Bestell-Nr. 12 818

6. Mappe – Alkalimetalle

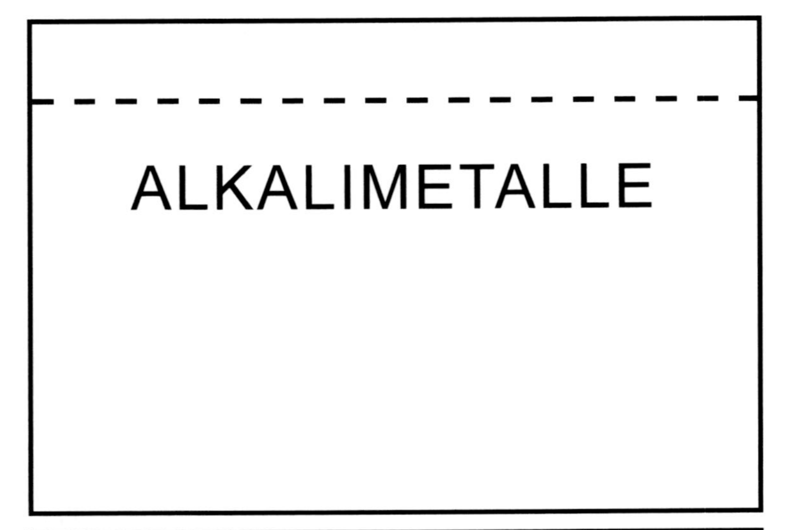

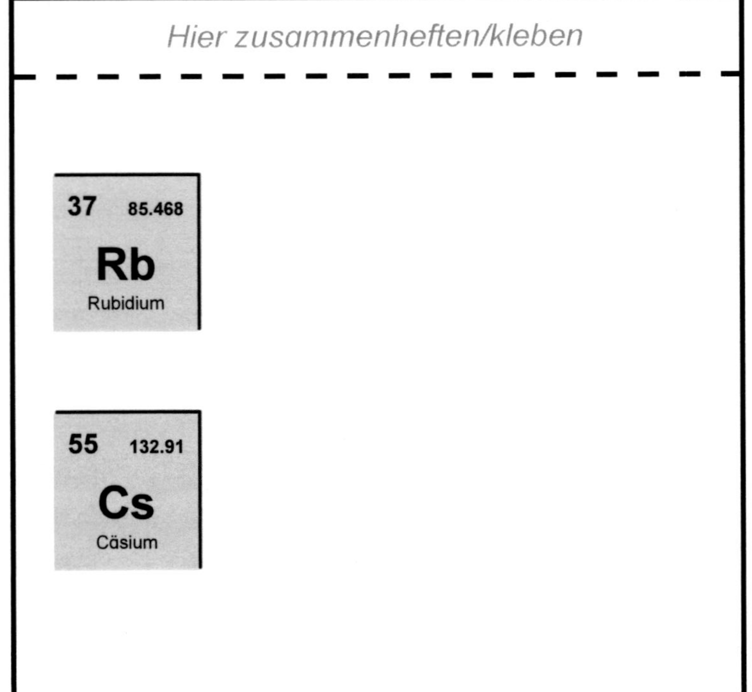

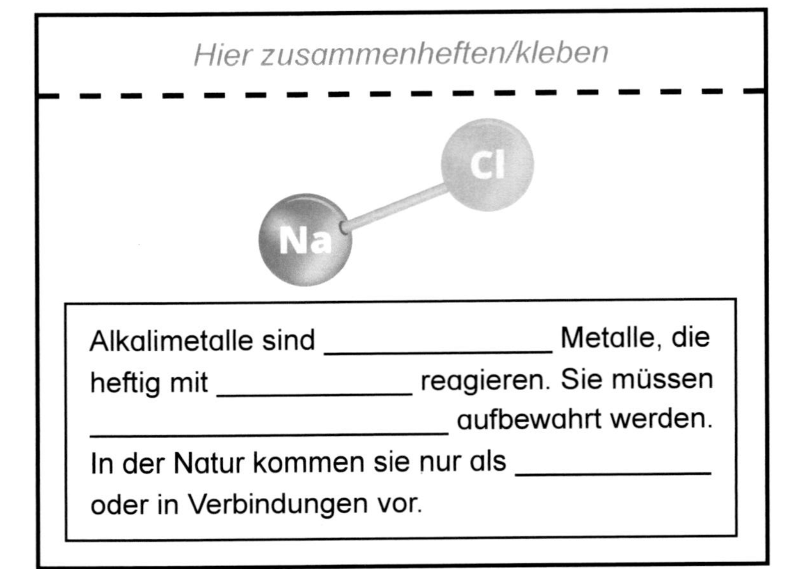

Alkalimetalle sind ______________ Metalle, die heftig mit ____________ reagieren. Sie müssen ______________________ aufbewahrt werden.

In der Natur kommen sie nur als ____________ oder in Verbindungen vor.

Hier zusammenheften/kleben

3 6.941 Li Lithium
11 22.990 Na Natrium
19 39.098 K Kalium

KOHL VERLAG *Lapbooks* im Chemieunterricht
Kopiervorlagen für die Sekundarstufe – Bestell-Nr. 12 818

7. Mappe – Wichtige Begriffe

Aufgabe 7: *Schneide die Mappe auf der nächsten Seite aus (mit 4 einzelnen Klappen!) und falte sie an der gestrichelten Linie nach hinten. Klebe den langen Balken ganz rechts auf die Mappe. Ergänze die 4 Infotexte (Lösung ganz unten) und klebe sie jeweils passend links neben den Balken.*

Periode eines Elements
= Zeile im Periodensystem

Elemente mit gleicher Periode
→ gleiche Anzahl Elektronenschalen

Das PSE ist in 7 Perioden
= ________________ Zeilen unterteilt.

Gruppe eines Elements
= Spalte im Periodensystem

Elemente mit gleicher Gruppe
→ gleiche Anzahl Elektronen in der äußeren Schale (Valenzelektronen)

Es gibt 8 ________________ und
10 Nebengruppen = 18 Gruppen.

1. Hauptgruppe: Alkalimetalle
2. Hauptgruppe: Erdalkalimetalle
3. Hauptgruppe: ________________
4. Hauptgruppe: Kohlenstoffgruppe
5. Hauptgruppe: ________________
6. Hauptgruppe: Chalkogene
7. Hauptgruppe: ________________
8. Hauptgruppe: Edelgase

Es gibt _____ Nebengruppen:

1. Scandiumgruppe, 2. Titangruppe,
3. Vanadiumgruppe, 4. Chromgruppe,
5. Mangangruppe, 6. ____________,
7. Kobaltgruppe, 8. Nickelgruppe,
9. ____________, 10. Zinkgruppe

W I C H T I G E B E G R I F F E

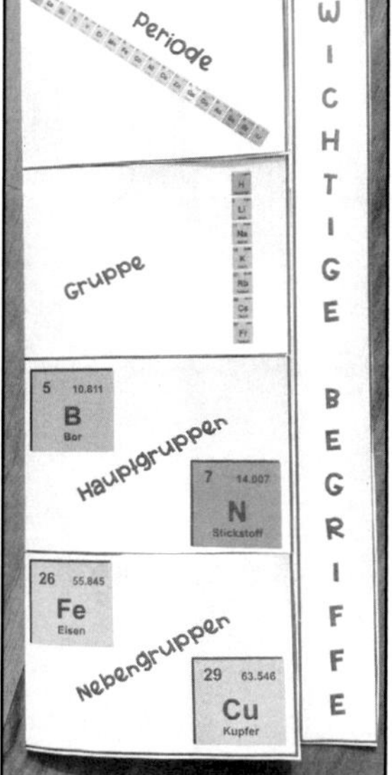

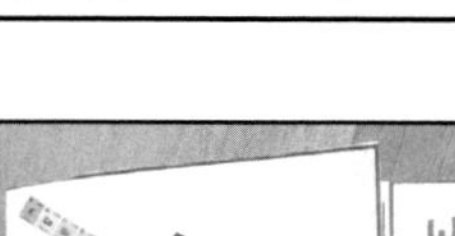
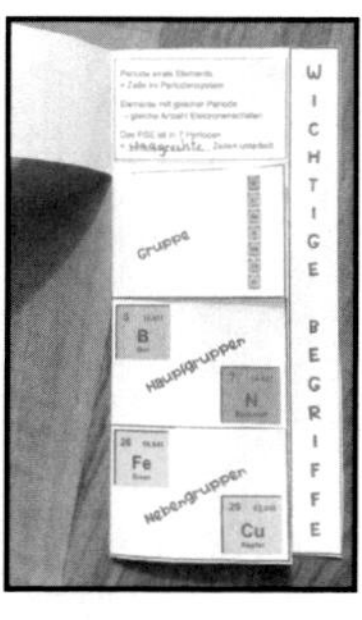
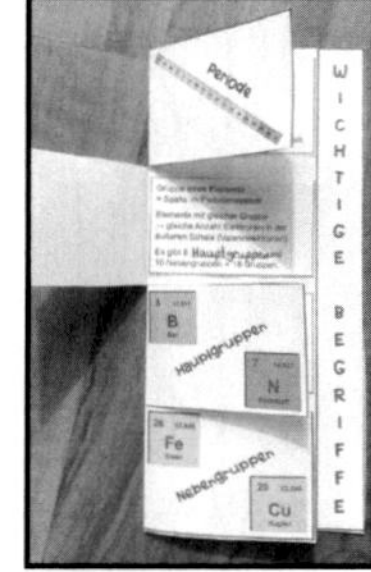
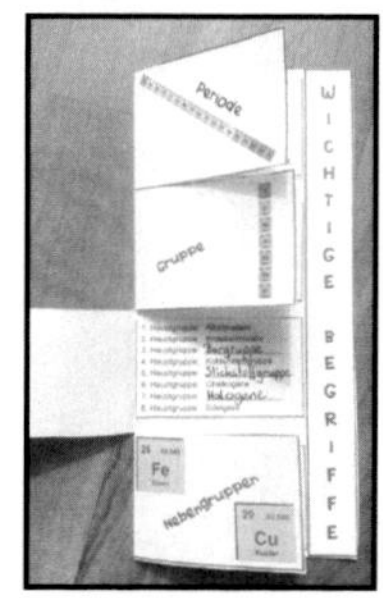
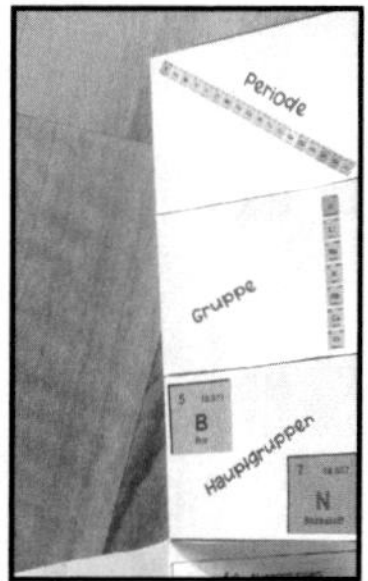

Lösung:
- Das PSE ist in 7 Perioden = waagerechte Zeilen unterteilt.
- Es gibt 8 Hauptgruppen und 10 Nebengruppen = 18 Gruppen.
- 3. Hauptgruppe: Borgruppe, 5. Hauptgruppe: Stickstoffgruppe, 7. Hauptgruppe: Halogene
- Es gibt 10 Nebengruppen: 6. Eisengruppe, 9. Kupfergruppe

7. Mappe – Wichtige Begriffe

Hier an das Lapbook kleben

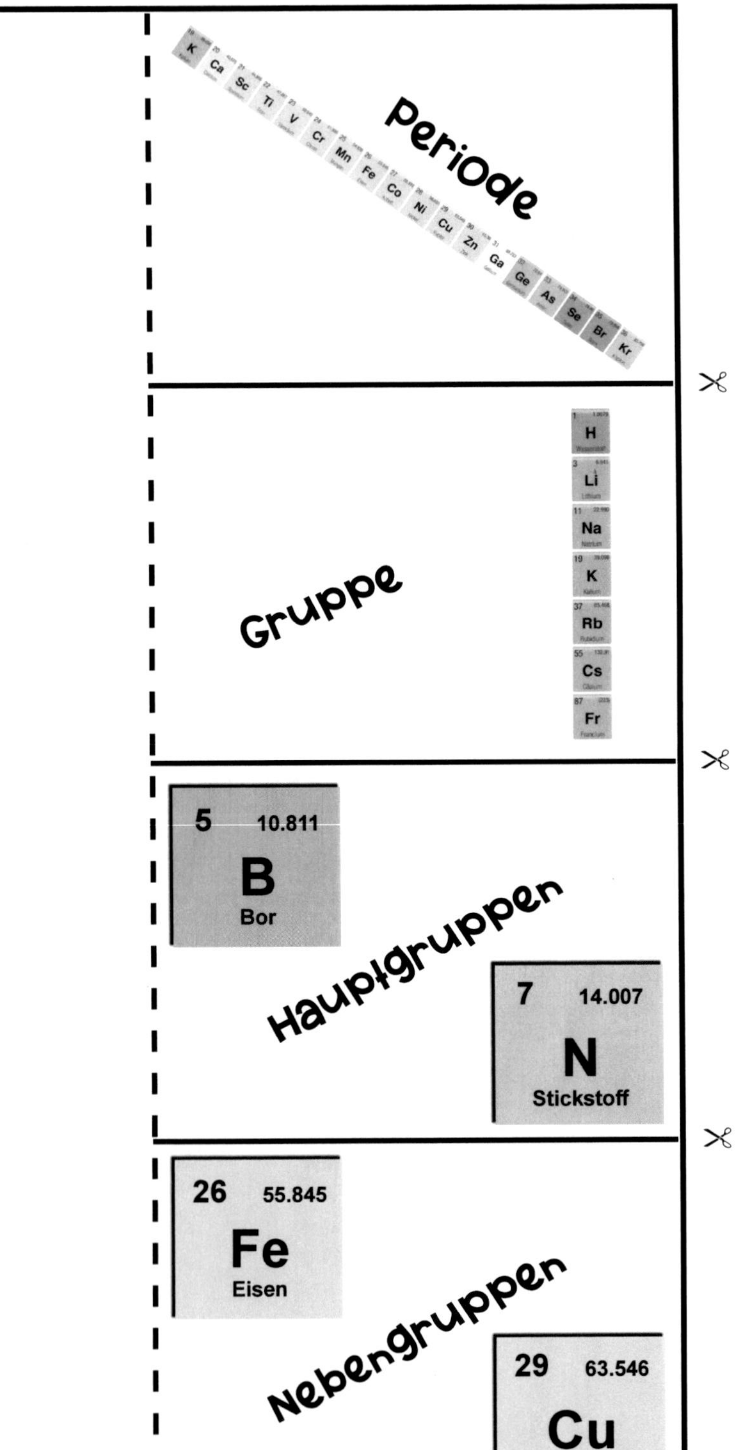

Lapbooks im Chemieunterricht
Kopiervorlagen für die Sekundarstufe – Bestell-Nr. 12 818
KOHL VERLAG

Für das Lapbook **Säuren und Basen** finden sich folgende Kopiervorlagen:

1.) Deckblatt
2.) Mappe – Der Unterschied
3.) Blume – Der pH-Wert
4.) Tasche – Säuren
5.) Tasche – Basen
6.) Mappe – Indikatoren
7.) Faltheft – Merkspruch

Verwende als Quelle das Internet, dein Chemiebuch, das Lexikon oder die Schulbibliothek.

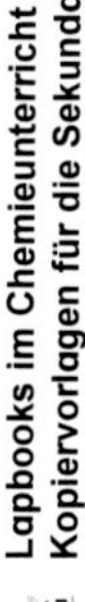

Lapbooks im Chemieunterricht
Kopiervorlagen für die Sekundarstufe – Bestell-Nr. 12 818

1. Deckblatt

Mein Lapbook über

Name: ______________________________

KOHL VERLAG
Lapbooks im Chemieunterricht
Kopiervorlagen für die Sekundarstufe – Bestell-Nr. 12 818

2. Mappe – Der Unterschied

Aufgabe 1: *Schneide die Mappe auf der nächsten Seite aus (mit 2 einzelnen Klappen!) und falte sie an der gestrichelten Linie nach hinten. Klebe den langen Balken ganz unten auf die Mappe. Ergänze die 4 Infotexte (Lösungen nächste Seite) und klebe passend jeweils 2 oberhalb des Balkens ein und 2 auf die Laschenrückseiten.*

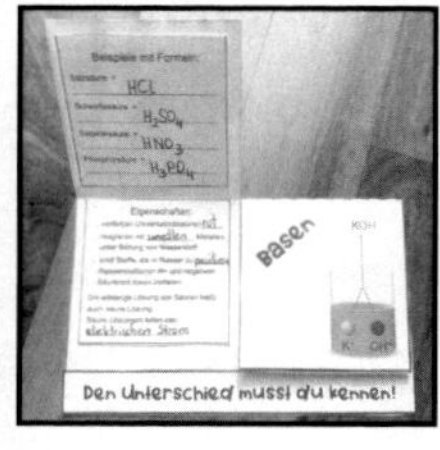

Den Unterschied musst du kennen!

Eigenschaften:

... verfärben Universalindikatoren _____ .

... reagieren mit ____________ Metallen unter Bildung von Wasserstoff.

... sind Stoffe, die in Wasser zu _______ Wasserstoffionen H+ und negativen Säurerest-Ionen zerfallen.

Die wässrige Lösung von Säuren heißt auch saure Lösung.

Saure Lösungen leiten den

________________________ .

Beispiele mit Formeln:

Salzsäure =

____

Schwefelsäure =

____

Salpetersäure =

____

Phosphorsäure =

____

Eigenschaften:

... verfärben Universalindikatoren

_________ oder _________ .

... bilden beim Lösen in Wasser OH-Gruppen. Je mehr OH--Ionen gelöst sind, desto stärker ist die basische Lösung.

Basische Lösungen _________ den elektrischen Strom.

Basische Lösungen lösen _________ und _____________ .

Beispiele mit Formeln:

Natronlauge =

____

Kalkwasser =

____

Kalilauge =

____

Salmiakgeist =

____

KOHL VERLAG
Lapbooks im Chemieunterricht
Kopiervorlagen für die Sekundarstufe – Bestell-Nr. 12 818

2. Mappe – Der Unterschied

Hier an das Lapbook kleben

Säuren

HCl

H^+ Cl^-

Basen

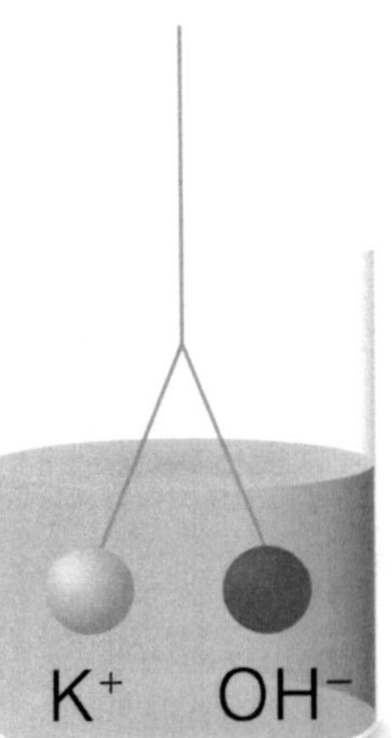

Lösung:
Säuren: rot, unedlen, positiven, elektrischen Strom **Beispiele:** HCl H_2SO_4 HNO_3 H_3PO_4
Basen: grün oder blau, leiten, Fette und Eiweißstoffe **Beispiele:** $NaOH$ $Ca(OH)_2$ KOH NH_4OH

Lapbooks im Chemieunterricht
Kopiervorlagen für die Sekundarstufe – Bestell-Nr. 12 818
KOHL VERLAG

3. Blume – Der pH-Wert

Aufgabe 2:

Schneide die Blume aus und falte sie an den gestrichelten Linien nach hinten. Klebe die 6 Streifen jeweils auf die Rückseite der richtigen Blüte und den Text rechts in die Mitte der Blume.

Wusstest du, dass …

… eine Lösung umso **saurer** ist, je **niedriger** ihr pH-Wert ist?

… bei **niedrigem** pH-Wert die Konzentration der H+-Ionen hoch ist?

… eine Lösung umso **basischer** ist, je **höher** ihr pH-Wert ist?

… bei **hohem** pH-Wert die Konzentration der H+-Ionen niedrig ist?

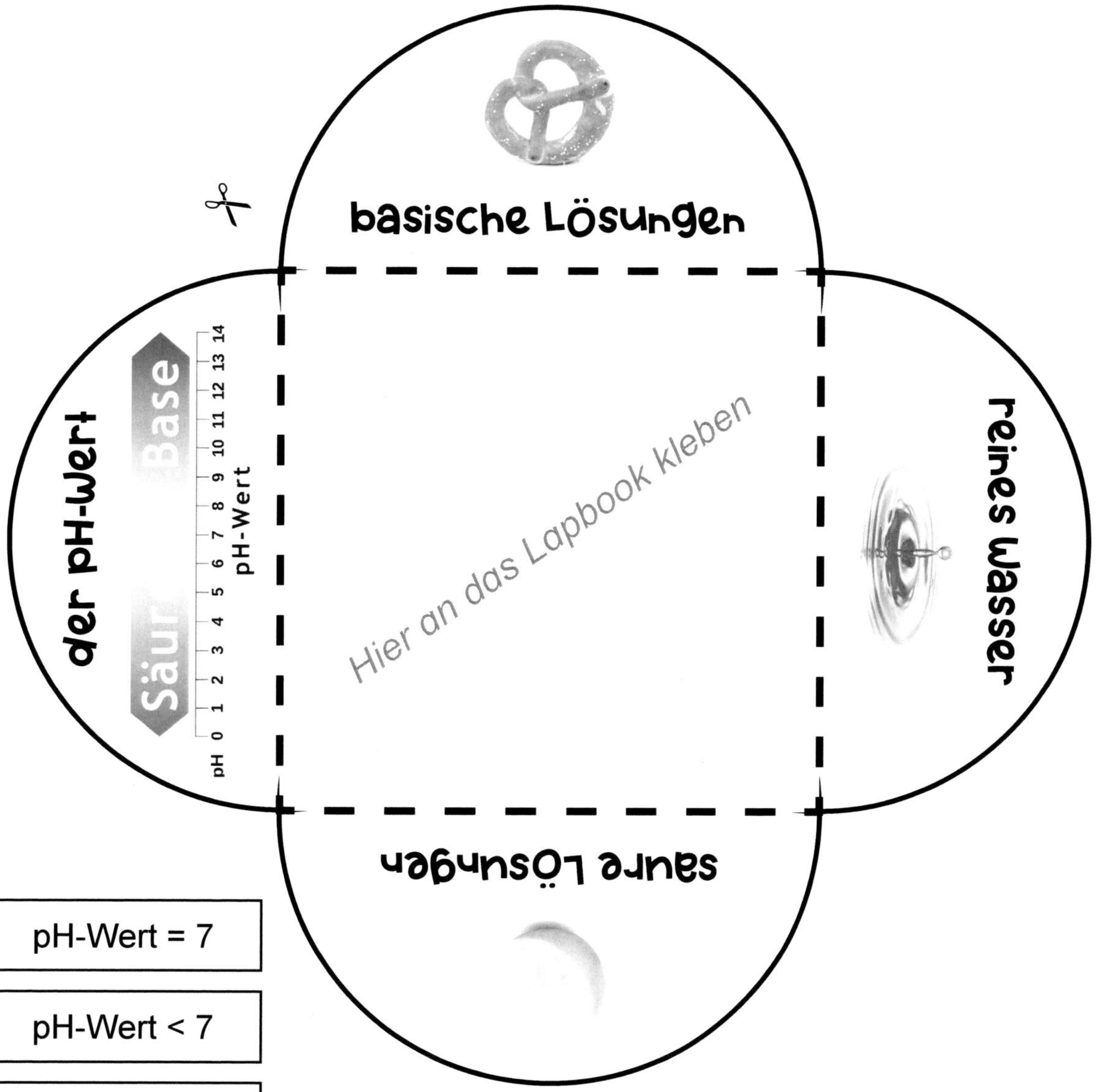

ist eine neutrale Lösung

enthalten H^+-Ionen und Anionen (= negative Ionen)

enthalten OH^--Ionen und Kationen (= positive Ionen)

basische Lösungen

der pH-Wert

Säure Base

pH 0 1 2 3 4 5 6 7 8 9 10 11 12 13 14

pH-Wert

Hier an das Lapbook kleben

reines Wasser

saure Lösungen

pH-Wert = 7

pH-Wert < 7

pH-Wert > 7

KOHL VERLAG Lapbooks im Chemieunterricht Kopiervorlagen für die Sekundarstufe – Bestell-Nr. 12 818

4. Tasche – Säuren

Aufgabe 3: a) *Schneide die 8 Rechtecke aus und klebe jeweils 2 passende mit den Rückseiten zusammen. Du erhältst 4 Kärtchen zum Einstecken in die Tasche auf der nächsten Seite. Ergänze jeweils oben noch die Namen (Lösungen nächste Seite).*

HCl

ist die Lösung von Hydrogenchlorid (= Chlorwasserstoffgas)

Eigenschaften:
- farblose Flüssigkeit;
- stark sauer;
- riecht stechend;
- löst viele Metalle unter Wasserstoffbildung auf.

HNO_3

(= Scheidewasser)

Eigenschaften:
- besitzt eine stark oxidierende Wirkung;
- wirkt ätzend;
- färbt eiweißhaltige Stoffe gelb;
- organische Stoffe werden zersetzt

H_2SO_4

entsteht durch die Reaktion:
$SO_3 + H_2O \rightarrow H_2SO_4$

Eigenschaften:
- schwere, ölige, stark ätzende Flüssigkeit;
- zerstört organische Stoffe;
- zerstört unedle Metalle unter Wasserstoffentwicklung.

Anwendungen:
- Reinigen von Metallen;
- Industrielle Lösungsmittel;
- ist zu etwa 0,5 % im Magensaft des Menschen enthalten. Sodbrennen entsteht, wenn der Prozentsatz höher ist.

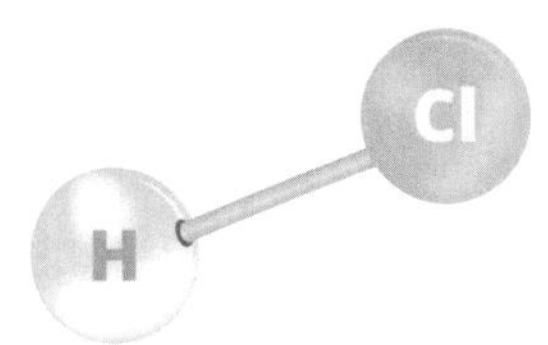

Anwendungen:
- Raketenbrennstoff;
- Pyrotechnische Artikel;
- früher zur Unterscheidung von Gold und Silber (Silber wird aufgelöst, Gold nicht);
- Königswasser (HCl + HNO_3) löst sogar Platin und Gold auf.

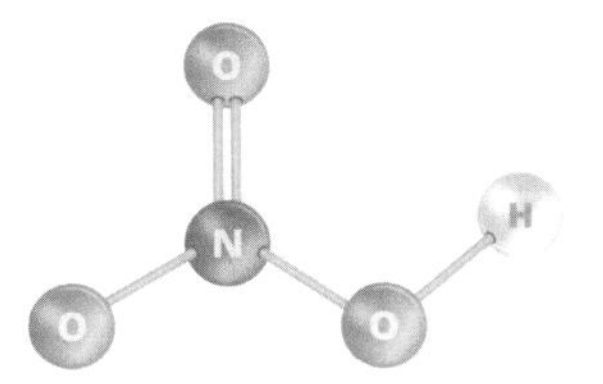

Anwendungen:
- in der Autobatterie (zu 20-26 %) enthalten;
- Sprengstoffe.

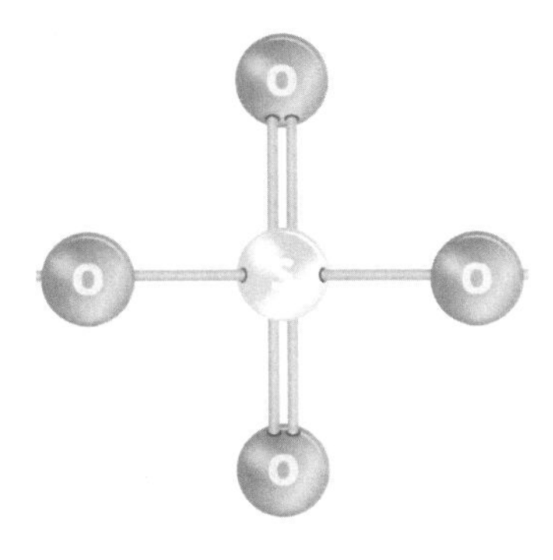

H_2CO_3

entsteht durch Lösen von Kohlenstoffdioxid (= CO_2) in Wasser:

$CO_2 + H_2O \rightarrow H_2CO_3$

Eigenschaften:
- schwache Säure

Anwendungen:
- Bestandteil vieler Getränke

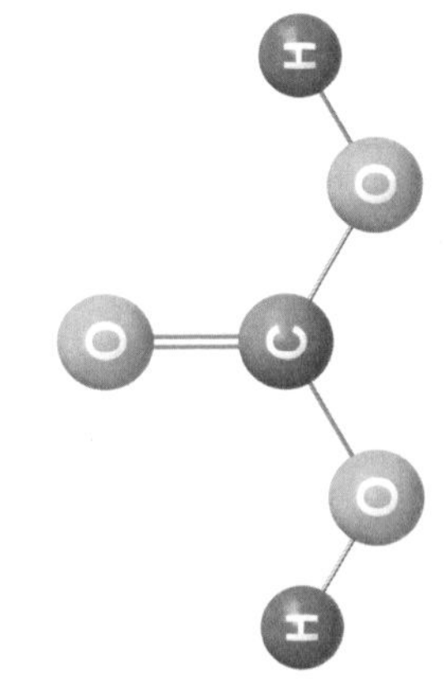

KOHL VERLAG
Lapbooks im Chemieunterricht
Kopiervorlagen für die Sekundarstufe – Bestell-Nr. 12 818

4. Tasche – Säuren

Aufgabe 3: **b)** *Schneide die Tasche aus, falte sie an den gestrichelten Linien nach hinten und klebe sie mit den seitlichen Klebelaschen zusammen.*

säuren

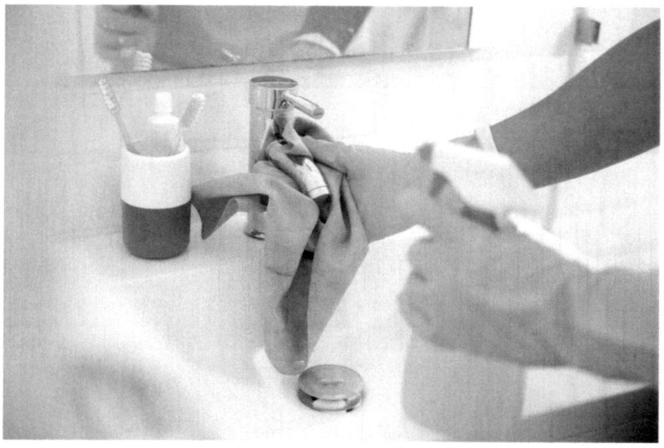

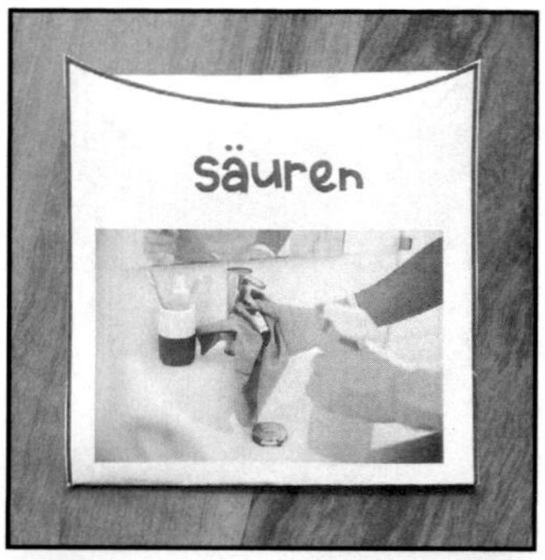

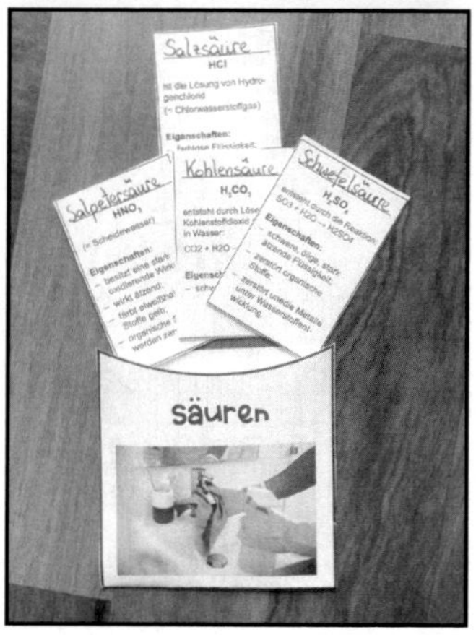

Klebelasche

Hier an das Lapbook kleben

Klebelasche

Lösung:
HCl = Salzsäure;
HNO3 = Salpetersäure;
H2SO4 = Schwefelsäure;
H2CO3 = Kohlensäure.

5. Tasche – Basen

Aufgabe 4: a) *Schneide die 6 Rechtecke aus und klebe jeweils 2 passende mit den Rückseiten zusammen. Du erhältst 3 Kärtchen zum Einstecken in die Tasche auf der nächsten Seite. Ergänze jeweils oben noch die Namen (Lösungen nächste Seite).*

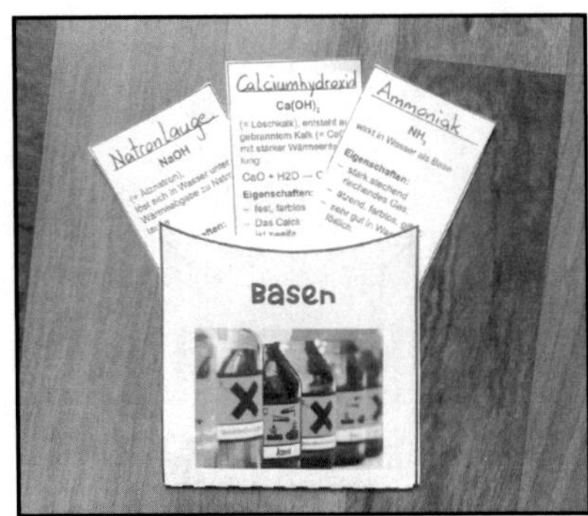

______

NaOH

(= Ätznatron), löst sich in Wasser unter Wärmeabgabe zu Natronlauge

Eigenschaften:
- stark ätzend;
- löst viele organische Stoffe (z.B.: Haare, Fingernägel).

______

$Ca(OH)_2$

(= Löschkalk), entsteht aus gebranntem Kalk (= CaO) mit starker Wärmeentwick lung:

$CaO + H_2O \rightarrow Ca(OH)_2$

Eigenschaften:
- fest, farblos, geruchlos;
- Das Calciumion Ca_2+ ist zweifach positiv geladen.

______

NH_3

wirkt in Wasser als Base

Eigenschaften:
- stark stechend riechendes Gas;
- ätzend, farblos, giftig;
- sehr gut in Wasser löslich.

Anwendungen:
- Abflussreiniger;
- Reinigung von Pfandflaschen;
- Backofenreiniger;
- Herstellung von Laugengebäck.

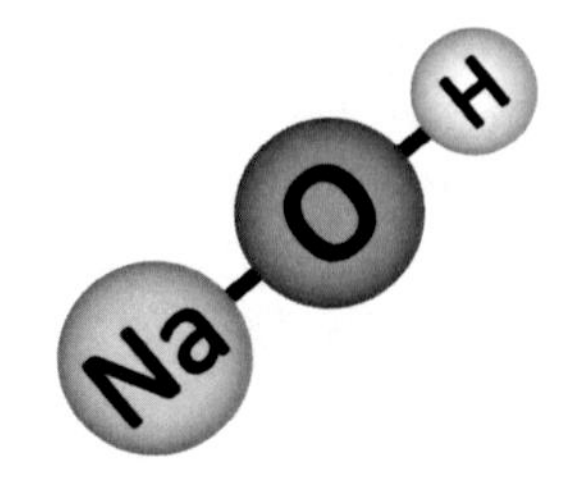

Anwendungen:
- wichtiger Bestandteil des Kalkmörtels;
- durch Zusatz zu Asphalt wird dieser haltbarer;
- Pflanzenschutzmittel im Obstbau.

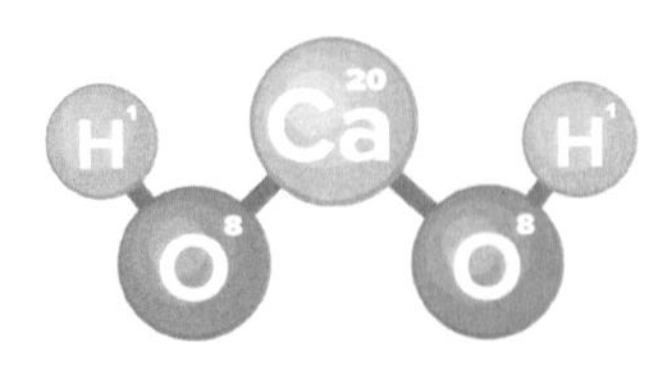

Anwendungen:
- als Kühlmittel;
- Reinigungsmittelherstellung;
- Düngemittelerzeugung;
- ist in Haarfärbemitteln.

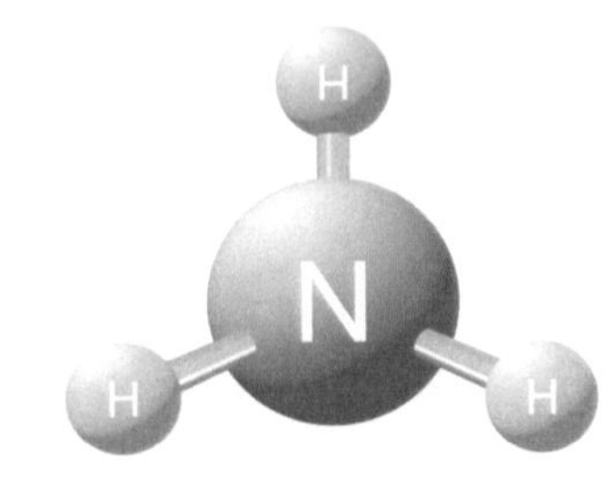

KOHL VERLAG
Lapbooks im Chemieunterricht
Kopiervorlagen für die Sekundarstufe – Bestell-Nr. 12 818

5. Tasche – Basen

Aufgabe 4: **b)** *Schneide die Tasche aus, falte sie an den gestrichelten Linien nach hinten und klebe sie mit den seitlichen Klebelaschen zusammen.*

Basen

Ätzend

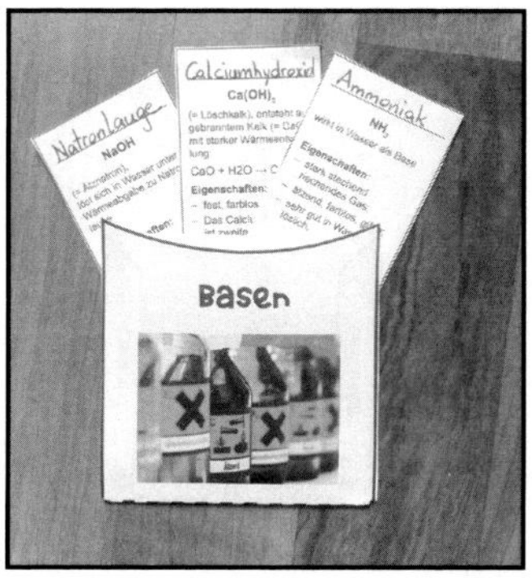

Klebelasche

Hier an das Lapbook kleben

Klebelasche

Lösung:
NaOH = Natronlauge;
$Ca(OH)_2$ = Calciumhydroxid;
NH_3 = Ammoniak

Lapbooks im Chemieunterricht
Kopiervorlagen für die Sekundarstufe – Bestell-Nr. 12 818
KOHL VERLAG

6. Mappe – Indikatoren

Aufgabe 5: *Schneide die 4 Rechtecke auf der nächsten Seite aus und knicke sie jeweils an der gestrichelten Linie nur ein wenig nach vorn. Lege sie nach der Größe (klein oben) aufeinander und hefte (oder klebe) sie oben bündig am schmalen Balken zusammen.*

Schneide die 3 Lückentexte aus und klebe sie jeweils auf die richtigen freien Stellen in der Mappe. Vervollständige dann die Lückentexte.

Indikatoren (lat. indicare = anzeigen) zeigen durch ihre

____

an, ob eine saure, eine basische Lösung oder keines von beiden vorhanden ist.

Säure: Färbung ist von ________ über orange bis zu ______ .

Base: Färbung ist von blaugrün bis ________ .

Liegt weder eine saure noch eine basische, also neutrale Lösung vor, ist die Färbung ________ .

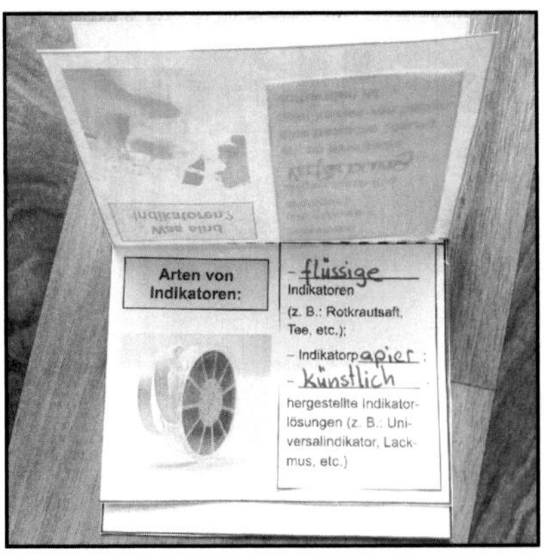

– ______________ Indikatoren (z. B.: Rotkrautsaft, Tee, etc.);

– Indikatorp_________ ;

– ______________ hergestellte Indikatorlösungen (z. B.: Universalindikator, Lackmus, etc.)

Lösung:
Verfärbung
– flüssige, Indikatorpapier, künstlich
– gelb, rot, blau, grün

6. Mappe – Indikatoren

Hier zusammenheften/kleben

Was sind Indikatoren?

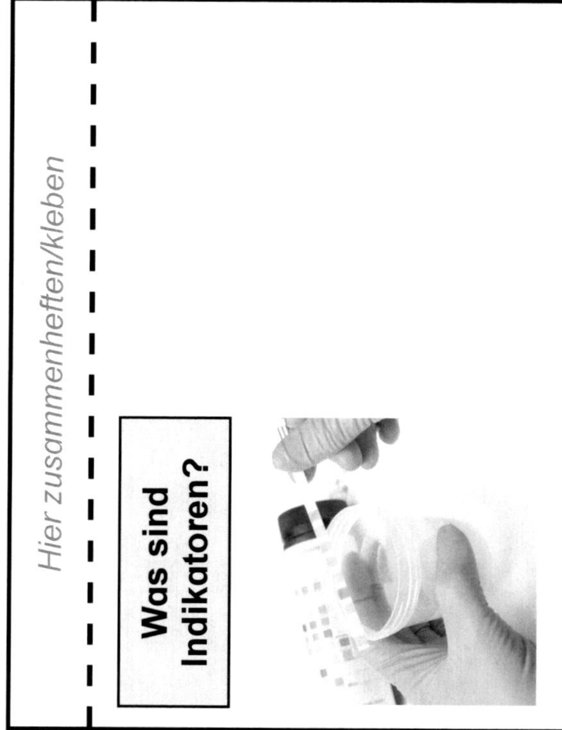

Hier zusammenheften/kleben

Arten von Indikatoren:

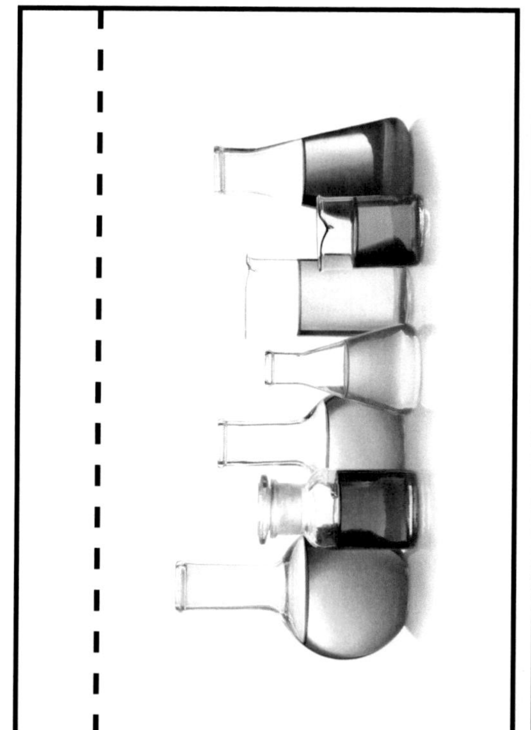

Hier zusammenheften/kleben

Farbänderung:

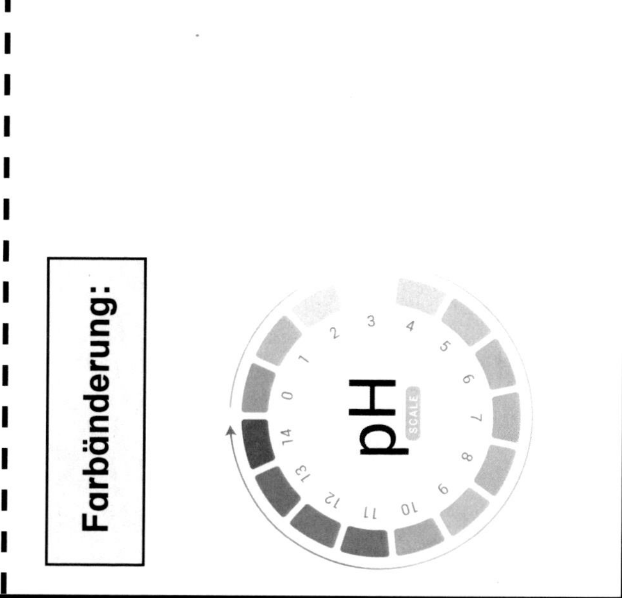

7. Faltheft – Merkspruch

Aufgabe 6: *Schneide das Faltheft aus und falte es an den gestrichelten Linien nach hinten. Ergänze den Merkspruch (Lösung unten) und klebe ihn in die Mitte. Klebe die beiden Streifen jeweils auf die Rückseite der Lasche mit der passenden Beschriftung.*

Merkspruch:

Erst das

__________________________,

dann die

__________________________,

sonst geschieht das Ungeheure!

zuerst

danach

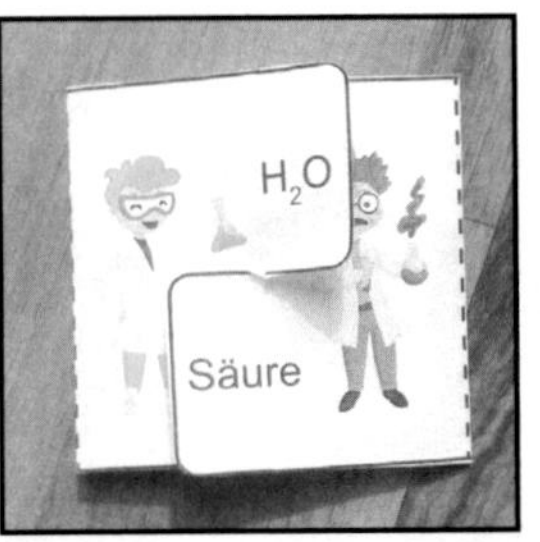

Lösung: Erst das Wasser, dann die Säure, sonst geschieht das Ungeheure!

Gesamtübersicht

Klasse 5 | 6 | 7 | 8 | 9 | 10 | 11-13

Naturwissenschaften

Petra Pichlhöfer

Physik – Kurz, knapp & klar

Alles rund ums physikalische Grundwissen

Für viele Schüler ist Physik ein Angstthema. Das muss nicht so bleiben – mit diesem Band kann man sich jederzeit schnell einen Begriff erarbeiten oder noch einmal neu durchgehen. Durch den klaren Aufbau ist ohne Frust nachvollziehbar, wie es durch Versuche und Beobachtung zu einer Formel, Naturkonstanten, Einheit – oft nach einem Physiker benannt – kommt. Damit „Tesla" mehr als eine Automarke wird!

Kurz, knapp & klar auf den Punkt gebracht!

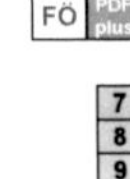
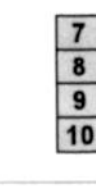

FÖ | PDF plus

84 Seiten	12 533	ab 17,49 €

Klasse: 7 | 8 | 9 | 10

Friedhelm Heitmann

Einfach Physik

Elementares Wissen leicht erklärt

Verständlich formulierte Texte und Aufgaben helfen in diesem Band, elementare Kenntnisse der Physik zu vermitteln, festigen und zu kontrollieren. Neben umfassend vorbereiteten praktischen Übungen bietet das Werk ergänzende Tests und Lernzielkontrollen, die auch einen fachfremden Einsatz erleichtern.

88 Seiten	12 175	ab 16,49 €

FÖ | PDF plus

Klasse: 7 | 8 | 9 | 10

Friedhelm Heitmann

Einfach Physik

Elementares Wissen leicht erklärt

Verständlich formulierte Texte und Aufgaben helfen in diesem Band, elementare Kenntnisse der Physik zu vermitteln, festigen und zu kontrollieren. Neben umfassend vorbereiteten praktischen Übungen bietet das Werk ergänzende Tests und Lernzielkontrollen, die auch einen fachfremden Einsatz erleichtern.

92 Seiten	11 477	ab 15,99 €

FÖ

Klasse: 5 | 6 | 7 | 8 | 9 | 10

Barbara Theuer

Physik fachfremd unterrichten

Hier wurden Themen ausgewählt, die allgemeinbildend und interessant sind und sowohl ohne fachspezifische Qualifikation als auch ohne aufwändigen experimentellen Einsatz vermittelt werden können. Kleine Geschichten zum Einstieg auf dem Arbeitsblatt oder Freihandexperimente motivieren die Schüler zur Erarbeitung der Lernziele.

96 Seiten	11 408	ab 15,99 €

Klasse: 5 | 6 | 7 | 8 | 9 | 10 | 11

Barbara Theuer

Physik im Sommer

Die physikalischen Gegebenheiten des Sommers wie z.B. Sonneneinstrahlung, Hitzephänomene, Sommergewitter werden genauer unter die Lupe genommen. Dabei sind Bereiche des Physikunterrichts wie die Ausdehnung bei Wärme und verschiedene geografische Aspekte abgedeckt und mit zahlreichen Bildern anschaulich vermittelt.

52 Seiten	11 843	ab 12,49 €

Klasse: 5 | 6 | 7 | 8

Barbara Theuer

Physik im Winter

Die physikalischen Gegebenheiten des Winters wie z.B. Jahreszeiten, Eis und Schnee, die Kraft des Frostes u.v.m. werden genauer unter die Lupe genommen. Dabei sind Bereiche des Physikunterrichts wie die Ausdehnung bei Frost und verschiedene geografische Aspekte abgedeckt und mit zahlreichen Bildern anschaulich vermittelt.

64 Seiten	11 680	ab 13,49 €

Klasse: 5 | 6 | 7 | 8

Sebastian Freudenberger

Physik im Alltag

Spannende Versuche werden vorgestellt und durchgeführt. Zu den praktischen Versuchen gibt es Hintergrundinfos mit Arbeitsblättern zu Sicherheitsbestimmungen, den Gefahrensymbolen sowie den physikalischen Grundlagen.

72 Seiten	11 912	ab 14,49 €

PDF plus

Klasse: 6 | 7 | 8 | 9 | 10

Dorle Roleff-Scholz & Friedhelm Heitmann

NaWi inklusiv

Arbeitsblätter & Versuche

Hier wird besonderer Wert auf die Vermittlung von Alltagskompetenzen und praktischen Fertigkeiten gelegt. Beim Untersuchen von Feuer bauen wir einen Feuerlöscher, reinigen Schmutzwasser und ermitteln die benötigte Wassermenge verschiedener Lebewesen, betrachten neben dem Stromkreis auch die Gefahren der Elektrizität ... Zugang zur Naturwissenschaft ***ganz einfach!***

84 Seiten	12 454	ab 16,49 €

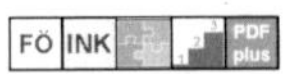

FÖ | INK | PDF plus

Klasse: 5 | 6 | 7 | 8 | 9 | 10

Sebastian Freudenberger

Spiele im Physikunterricht

Rätsel, Dominos, Puzzle, Quartette ....

Eine Sammlung vielfältiger Spiele & Rätsel zum Üben und Wiederholen von physikalischen Inhalten. Die Kartenvorlagen werden als zusätzliches Material verwendet oder begleiten aktuelle Unterrichtseinheiten. Die Ergebniskontrollen erfolgen durch die Spielenden selbst. Dadurch erhalten die Lernenden eine direkte Rückmeldung zu ihren individuellen Stärken und Lernfeldern.

40 S.	1	Klasse 5/6	11 794	ab 12,49 €
56 S.	2	Klasse 7/8	11 900	ab 13,49 €
48 S.	3	Klasse 9/10	11 901	ab 12,49 €

FÖ

Klasse: 5 | 6 | 7 | 8 | 9 | 10

Petra Pichlhöfer

Rätsel Physik

Wiederholung und Vertiefung

Die 40 Rätsel dienen zur Wiederholung und Vertiefung der physikalischen Fachbegriffe sowie der Einordnung der jeweiligen Spezialgebiete in einen größeren naturwissenschaftlichen Zusammenhang. Mit Kreuzworträtseln, Geheimschriften und Suchseln wird das Allgemeinwissen der Schüler auf Trab gebracht. Alle wichtigen Themen des Physikunterrichts im 5.-10. Schuljahr werden erarbeitet und wiederholt. Die Kopiervorlagen sind optimal für Vertretungsstunden oder als Hausaufgaben geeignet.

56 Seiten	12 290	ab 13,49 €

FÖ

Klasse: 5 | 6 | 7 | 8 | 9 | 10

Hannelore Rössel

Rätsel Physik 2

Wiederholung und Vertiefung

Die insgesamt 42 Rätsel, darunter auch vier rätselartige Spiele, decken alle Teilgebiete der Physik der SEK I ab, mehrere Rätsel lassen sich auch in der SEK II nutzen. Alle Rätsel sind themen- und altersspezifisch angelegt. Zu unterscheiden sind mehr theoretisch ausgerichtete und eher praxisorientierte Rätsel sowie fächerübergreifend angelegte, aus denen die Komplexität und Vielschichtigkeit der betreffenden Thematik hervorgeht. Das Rätselangebot ist nach Sachgebieten sortiert, jedem Rätsel folgen Lehrerseiten mit Lösungen, auch hilfreichen Erläuterungen und Tipps, Abbildungen sowie Tabellen.

108 Seiten	12 471	ab 18,49 €

Klasse: 5 | 6 | 7 | 8 | 9 | 10 | 11-13

Barbara Theuer

Kreuzworträtsel Physik

Prüfung und Festigung des Allgemeinwissens

Wenn bis zum Pausenklingeln noch Zeit bleibt, wenn das geplante Experiment nicht durchgeführt werden kann, weil die Sicherung rausgeflogen ist, wenn eine Maschine nicht mehr will oder Vertretung übernommen werden muss, dann sind diese ***34 Kreuzworträtsel*** *besonders willkommen!*

72 Seiten	11 409	ab 14,49 €

Klasse: 5 | 6 | 7 | 8 | 9 | 10

Jost Baum

LWST Fliegen, Schwimmen, Fahren

Upcycling im Werkunterricht

NEU ab Okt.

Der beste Abfall ist der, der gar nicht entsteht! Nachhaltigkeit und damit Klimaschutz passen mit der Wegwerfmentalität nicht zusammen. Die Abfallvermeidung muss daher das oberste Prinzip einer ökologischen Abfallwirtschaft sein, denn jede Form von Sortierung, Behandlung, Verwertung und Beseitigung, geht mit dem Verbrauch von Ressourcen einher und trägt zur Klimaerwärmung bei. Upcycling, also die Wiederverwertung von Materialien in einem anderen Zusammenhang, kann ein weiterer Schritt in Richtung Nachhaltigkeit sein. Upcycling im Unterricht soll auf die wachsende Müllflut aufmerksam machen und auf sinnvolle Alternativen verweisen.

48 Seiten	12 764	ab 12,49 €

Klasse: 8 | 9 | 10 | 11-13

Anni Kolvenbach

Phänomen Licht

NEU

Sonderpädagogisches Fördermaterial

*Gerade bei Themen, die nicht besonders greifbar sind, ist eine anschauliche Vermittlung unerlässlich. Dieses Arbeitsheft möchte die komplexe Thematik des „Lichts" Schüler*innen mit Förderbedarf auf drei Niveaustufen differenziert näherbringen. Hier werden Fragen zur Zusammensetzung des Lichts, Lichtbrechung, Doppelspaltexperiment und vieles mehr einfach und verständlich beantwortet. Die Schüler*innen erfahren, warum ein Leben ohne das Licht der Sonne nicht möglich ist. Anschauliche Grafiken und liebevoll gestaltete Illustrationen, sowie leicht verständliche Fachtexte holen die Schüler*innen da ab, wo sie stehen.*

32 Seiten	12 766	ab 11,99 €

FÖ | INK

Klasse: 6 | 7 | 8 | 9 | 10